CARL FRIEDRICH VON SIEMENS STIFTUNG · THEMEN BD. 85

Martin Mosebach

Die Kunst des Bogenschießens und der Roman
Zu den »Commentarii« des Heimito von Doderer

W0236696

Herausgegeben von Heinrich Meier

MARTIN MOSEBACH

Die Kunst des Bogenschießens und der Roman

Zu den *Commentarii* des Heimito von Doderer

Carl Friedrich von Siemens Stiftung

München

Zu den Abbildungen

Die Umschlagvorderseite zeigt Heimito von Doderer mit einem Teil-manuskript seiner »Dämonen« vor dem Beck Verlag München (1955), das Foto auf S. 12 den Bogenschützen am Riegelhof, dem Sommerhaus der Eltern in Prein a. d. Rax.

Für die Genehmigung zum Abdruck der Abbildungen danken wir: Verlag C. H. Beck oHG, München (S. 17 oben und Umschlagvorder-seite); Hannelore und Gustav König, Moosburg (S. 12, 23, 33, 47, 54, 55); Michael Horowitz, Wien (S. 59); Agentur VOTAVA, Wien (S. 17 unten).

Erweiterte Fassung eines Vortrags, gehalten in der Carl Friedrich von Siemens Stiftung am 16. Mai 2006. Der Abend wurde geleitet von Dr. Michael Maar, Carl Friedrich von Siemens Fellow des Jahres 2005/2006.

Inhalt

MICHAEL MAAR

Meine Damen und Herren,

wenn ich Ihnen sage, daß es mir ein Vergnügen ist, Ihnen heute abend Martin Mosebach vorzustellen, habe ich damit zugleich das wichtigste und kostbarste Element in seinem Werk benannt: das Vergnügen. Ich kenne nicht viele andere Autoren, deren Lektüre dieses Dauerglimmen von Freude und Vergnügen erzeugt: Vergnügen an der Fülle und Eleganz, Vergnügen an der Komik der Figuren und den Volten der Handlung, Vergnügen darüber, wie das Wort die Sache trifft und der Pfeil zitternd im Schwarzen sitzt.

Nun sollte man meinen, Vergnügen sei etwas, das ansteckt und sich wie Heiterkeit von selbst ausbreitet. Leider verhält es sich anders. Der Fall hängt mit dem Thema des heutigen Abends zusammen. In seinem großen Essay über Heimito von Doderer beklagt Martin Mosebach, daß die Ruhmestrompeten Doderers bisher eigentümlich matt, ja gestopft erschallt seien. Wenn man in Deutschland herumgehe und sogenannte gebildete Leute nach ihrer Ansicht zu Doderer frage, könne man sehr merkwürdige Dinge erleben. Es gibt ganze Literaturredaktionen, schreibt Mosebach, in denen kein einziger Redakteur Doderer gelesen hat. Es gibt Gymnasiallehrer für Deutsch, die sich den Namen Doderer mühsam buchstabieren lassen müssen.

MOSEBACH ist vielleicht etwas leichter zu buchstabieren als DODERER, aber, um die Wahrheit zu sagen, etwas Ähnliches hätte bis vor einigen Jahren auch *ihm* blühen können. Die öffentliche Meinung war ihm nicht immer hold. Wenn etwas lange in geringem, ja verächtlichem Ansehen stand, dann war es das Vergnügen. Man hatte vergessen, was der von Mosebach verehrte englische Schriftsteller Chesterton noch wußte: daß ein Witz etwas Heiliges sei. Beziehungsweise umgekehrt, das Heilige machte die Sache nur noch schlimmer. Chesterton, Doderer und Mosebach, Katholiken alle drei (Doderer konvertierte 1940), konnten bei strengster Gewissensprüfung jedenfalls eines ausschließen: daß sie dem Zeitgeist auch nur den kleinen Finger gereicht hätten.

Martin Mosebach hatte es darum mit der Kritik nicht leicht. Er verstand sich wie Doderer als jemand, der nicht irgendwelche gesellschaftlichen Zustände geißeln, sondern die Wirklichkeitswellen durch sich hindurchströmen lassen wollte. Mosebach pflegte einen poetischen Realismus mit metaphysischer Fundierung zu einer Zeit, als jede einzelne dieser Komponenten starkem Mißtrauen ausgesetzt war. Fast unbeachtet wuchs sein Werk, ein Werk der exzentrischen Grazie, an dessen Wiege der Sohn eines anderen Granden stand (der sich zu Doderer fast antipodisch verhält).

Es war der Sohn Thomas Manns, Golo Mann, der Martin Mosebach 1980 mit einem Förderpreis zu seinem Debut in der literarischen Welt verhalf. Mosebach hatte zu diesem Zeitpunkt ein Studium der Rechte mit dem zweiten Staatsexamen ordentlich abgeschlossen. Seine Entscheidung für die unordentliche Laufbahn des freien Schriftstellers war mutig, sogar wagemutig. Daß sie gerechtfertigt war, bewies sein 1983 veröffentlichter erster Roman mit dem einladenden Titel *Das Bett*. Man glaubt es eigentlich nicht, daß dieses Werk von einem Dreißigjährigen sein soll. Es hat die kühle und kühne Psychologie der französischen Moralisten. Es hat deren abgeklärten Blick auf die Schlangenknäuel der menschlichen Motive, über die sich die Jugend so gern sentimental betrügt. Und es hat den großen Sinn für das Komische, das in diesem Selbstbetrug liegt.

Die Prosa Martin Mosebachs ist von seinem Debut an geschmeidig, reich an Bildern und Pointen und von dieser tiefen Komik durchdrungen. Das Verblüffende dabei ist, daß er sofort seinen Ton gefunden hat. Es gibt stilistisch zwischen dem ersten und dem letzten Roman keine Unterschiede als solche, die sich dem Genre verdanken. Üblicherweise tasten sich Autoren an ihren Stil heran, dichten sich allmählich gegen fremde Einflüsse ab. Bei Martin Mosebach ist von Anfang an alles da. Es wäre nicht überraschend, wenn auch schon dieses erste Buch als eines jener erstaunlichen Manuskripte auf übergroßem Papierformat entstanden wäre, auf denen Mosebach, wie es scheint: ohne abzusetzen und fast ohne nachträgliche Korrekturen, in mikroskopischer und ebenmäßiger Zeilenfolge seine Romane eher kalligraphisch niederlegt als entwirft.

Erstaunlich ist das Werk, das seitdem entstand, schon in seiner äußeren Abmessung. Seit seinem Debutroman hat Martin Mosebach neben drei Sammlungen mit Erzählungen, drei Gedichtbänden, zahlreichen Opernlibretti, Theaterstücken, Hörspielen und zwei bedeutenden Essaybänden (der jüngste über *Schöne Literatur* ist soeben bei Hanser erschienen) sechs weitere Romane veröffentlicht: *Ruppertshain, Westend, Die Türkin*; dann *Eine lange Nacht*, sein vielleicht gewichtigster Roman, *Der Nebelfürst*, sein operettenhaft leichtester und charmantester; schließlich, im vergangenen Jahr, *Das Beben.*

Dieses letzte Buch, das einen indischen König zur Hauptfigur kürt, enthält Passagen, die man schon heute klassisch nennen kann. Von der Kritik wurde es endlich mit jenen Trompetenstößen begrüßt, die im Falle Doderers noch immer gestopft erschallen. Was war passiert? Schwer zu sagen. Der Wind hatte sich gedreht. Sich langsam räkelnd, war die kritische Urteilskraft erwacht. Nach und nach kam etwas ins Rutschen, und es purzelten die Preise und Ehrungen. Der Mann, von dem man vor fünfzehn Jahren kaum ein Stück Brot und jedenfalls keine Prosa nehmen wollte, ist heute Mitglied in zwei Akademien. Im Jahr 2002 wurde ihm der Kleist-Preis verliehen, der Kranichsteiner Literaturpreis 2005. Gestern, als vorläufiger, aber eben nur vorläufiger Höhepunkt, rief ihn die FAZ zu einem würdigen Kandidaten des Büchner-Preises aus.

Den eigentlich affinen und passenden Preis hatte Mosebach aber schon 1999 bekommen. Es war der Heimito-von-Doderer-Preis. Es wäre reizvoll, der inneren Verwandtschaft der beiden Autoren noch näher nachzuspüren. Ich sprach vom Vergnügen, vom heiligen Witz, von Humor und Metaphysik; es gibt anderes. Man muß nur lesen, was Mosebach über Doderer schreibt, und wird es nicht verfehlen. Auch in Mosebachs Romanen finden sich scheinbar disparate Elemente, die wie die sich aneinander reibenden gläsernen und diamantenen Himmelssphären auf- und abschwellend geheimnisvoll zusammenklingen. Auch bei ihm wird, wie bei Doderer, der Epiker zum Animisten. Und auch seine Welt ist voller unvergeßlicher Figurenerfindungen, eine Welt, in der es von Leben wimmelt wie »unter dem im Garten aufgehobenen großen Stein.«

Aber ich höre, daß der Vortragende ein ziemlich gründliches Manuskript für uns vorbereitet hat und will ihm darum nicht länger die Zeit stehlen. Der heutige Abend ist eine Premiere. Noch nie ist über die späten Tagebücher *Commentarii* geforscht worden, mit denen Doderer sein Haupt- und Lebenswerk *Die Dämonen* begleitet hat. Freuen wir uns auf Belehrung aus dem Munde *des* Autors, der ihm als einer der wenigen das Wasser reichen kann.

MARTIN MOSEBACH

Die Kunst des Bogenschießens und der Roman

Zu den »Commentarii« des Heimito von Doderer

»Habseligkeiten« – dies Wort gehört zu den unübersetzbaren Spezialitäten der deutschen Sprache. Das Grimmsche Wörterbuch belehrt uns zwar, in der Habseligkeit das Äquivalent für *opulentia* sehen zu sollen, aber für unsere Ohren klingt vor allem die Armseligkeit darin, Gelump und Geraffel von Leuten, die eben nichts als ein paar Habseligkeiten hinterlassen. Ich möchte einen bestimmten, mir bedeutsam erscheinenden Aspekt im Werk des Dichters und Schriftstellers Heimito von Doderer beschreiben und beginne nun seltsam genug mit den Habseligkeiten – es sind die seinen, die ich meine. Zweimal habe ich in Vitrinen ausgestellt gesehen, was er – von seinem schriftstellerischen Riesennachlaß abgesehen – auf Erden zurückgelassen hat: ein Sammelsurium von Gebrauchsgegenständen persönlichster Art. Rauchutensilien für den Kettenraucher nahmen darin einen besonderen Platz ein, blecherne Zigarettendosen, selbstgeschnitzte Tabakstopfer, häßliche Aschenbecher. Die Buntstifte, mit denen er – »poikilographisch«, wie er es nannte – unterschiedliche Textpassagen markierte, sonst aber alles mögliche von Freunden gebastelte und unbeholfen bemalte Zeug. Die Gefangenenlager, in denen Doderer nach dem ersten und dem zweiten Weltkrieg gesessen hat – in Rußland an der mandschurischen Grenze und später dann in Norwegen und Dänemark –, brachten solche Gegenstände hervor; es gab da immer geschickte Bastler, die aus Abfall aller Art etwas zusammenhämmern und kleben konnten.

Heimito von Doderer stammte aus einem wohlhabenden Haus, einer schwäbischen Baumeisterdynastie, die in den Jahrzehnten vor dem ersten Weltkrieg an den Riesenbauvorhaben der sich explosiv modernisierenden Donaumonarchie beteiligt war: damals wurden Eisenbahntrassen durch den ganzen Balkan und durchs Gebirge, die Kanalisierung großer Flüsse und der Neubau ganzer Großstädte in Angriff genommen. Der erste Weltkrieg verschlang das Doderer-Vermögen, aber wie es häufig ist, wenn man von reichen Leuten sagt, sie hätten »alles verloren«, blieb für die Eltern und Geschwister genug übrig, um den gewohnten Lebensstil aufrechtzuerhalten – nur Heimito von Doderer ist das niemals mehr in seinem schließlich siebzigjährigen Leben gelungen. Er blieb Dachkammerbewohner mit kümmerlichen Provisorien. Man hat geradezu den Verdacht, es sei zwischen den Geschwistern nicht alles ganz gleichmäßig abgerechnet worden, so sehr unterscheidet sich die Lebensstellung des Bohémien-Bruders von der komfortablen Existenz seiner nächsten Verwandten.

Der Krimskrams in den Vitrinen spricht eine beredte Sprache. Die prachtvollen Bibliotheken, Autographensammlungen, Tanagrafiguren auf dem Schreibtisch, Landhäuser, die das Publikum bei Thomas Mann und Gerhart Hauptmann, bei Stefan Zweig und Sigmund Freud gewohnt ist, sucht man bei Doderer vergebens – wegen der nackten Armut, die das Leben dieses Schriftstellers lange Jahre begleitete, einesteils – vielleicht aber auch aus einer geheimen Weigerung des sehr streng und hart Erzogenen, die Position des aufsässigen Sohnes jemals zu verlassen: der wußte schon, wie die Erwachsenen lebten und was sie alles zum Leben für notwendig hielten, aber man selber schwebte in luftiger Dachkammer beständig improvisierend und bedürfnislos über dem ganzen schwerfälligen und schnaufenden Erwachsenen-Apparatus dahin. Angesichts der langen Zeit eines gedrückten, ja gedemütigten Lebens, angesichts der Hungerjahre, in denen die *Strudlhofstiege*, der erste große Roman, geschrieben wurde, mag eine solche Sicht leichtfertig und frivol erscheinen – ich denke hier auch an eine Photographie Doderers aus dem Jahre 1947, die den ausgezehrten Mann mit dem Ausdruck einer bitteren und angsterfüllten Gespanntheit zeigt –, aber man kann beim Anblick der in den staubigen Glaskästen des Bezirksmuseums Alsergrund in Wien dargebotenen Besitztümer, der Doderer-Reliquien, nicht nur an das Kriegsgefangenenlager, sondern auch an den Inhalt von Bubenhosentaschen denken. Und das um so mehr, als zwischen diesen Taschenmessern und Blechbüchsen Indianerpfeile mit ausgefransten gerupften Federkielen lagen, neben Bögen, die mit eingetrockneten Farben kunstgewerblich »barbarisch« bemalt waren – das ganze Museum schlummert übrigens in tiefster Vergessenheit und soll angeblich demnächst geschlossen werden, dann wandern Doderers Pfeile und Bögen wohl in Pappkartons. Es ist der Anblick dieser Spielsachen an Befremdlichkeit, ja Peinlichkeit schwer zu überbieten, und deshalb soll auch sofort bemerkt werden, daß es gerade diese Ausrüstung zum Bogenschießen war – eine zweite wird in Landshut bei der Verwandtschaft der zweiten Frau

von Doderer aufgehoben –, die mir den Zugang zu den späten Tagebüchern Doderers, den *Commentarii*,[1] eröffnete
und damit zum Verständnis der beiden großen Romane
und der poetischen Haltung und Lebenspraxis, die ihnen
zugrunde liegt.

Dekorationsgegenstände waren Bogen, Pfeile und
Pfeiltaschen nicht, obwohl in den vielen wechselnden
Dachkämmerchen, die Doderer in seinem Leben bewohnt
hatte und die er euphemistisch »Atelier« zu nennen pflegte,
wohl weil sie meist im obersten Stock des jeweiligen Miets-
hauses lagen, von den Besuchern immer wieder Pfeilarran-
gements an den schrägen Wänden beschrieben worden
sind. Es wurde auch damit geschossen.

Was ich über Doderers Umgang mit Pfeil und Bogen
weiß, habe ich einem der giftigsten Werke der biographi-
schen Literatur entnommen, Wolfgang Fleischers *Das verleugnete Leben*,[2] aus dem ich nur ungern zitiere, es leider
aber nicht vermeiden kann, weil es zu den vielen Unglücksfällen der Doderer-Rezeption gehört, daß ihm eine faire
Biographie durch einen Zeitgenossen und Kenner seiner
Lebensumstände versagt geblieben ist. Fleischer war als
junger Mann der »Sekretär« des alten Doderer, der in seinem späten Ruhm mit den Postfluten allein nicht mehr zu
Rande kam. Fleischer hat in den kurzen Jahren seiner
Arbeit für den Dichter nur Gutes von ihm erfahren, hat
aber zugleich offenbar eine solche Abneigung gegen seinen

---

1 Heimito von Doderer: *Commentarii 1951 bis 1956. Tagebücher aus dem Nachlaß.* Hg. Wendelin Schmidt-Dengler. München, Biederstein Verlag, 1976. *Commentarii 1957 bis 1966. Tagebücher aus dem Nachlaß.* Hg. Wendelin Schmidt-
  Dengler. München, Biederstein Verlag, 1986.

2 Wolfgang Fleischer: *Das verleugnete Leben. Die Biographie des Heimito von
  Doderer.* Wien 1996; ders.: *Heimito von Doderer. Das Leben. Das Umfeld des
  Werkes in Fotos und Dokumenten.* Wien 1995.

*Während der »Hungerjahre«
nach dem Zweiten Weltkrieg in Wien*

Vor der Strudlhofstiege (1958)

Dienstherrn entwickelt, daß schon von regelrechtem Haß gesprochen werden muß.

Fünfhundert Seiten über einen Mann lesen zu müssen, den der Autor verabscheut, ist ohnehin nicht angenehm, um so mehr, wenn das Sujet ein genialer Schriftsteller ist, der in jeder Zeile seines Werks die ihm nachgesagte Verlogenheit und Niedertracht widerlegt. Heimito von Doderer saß in seinen Tagebüchern ungewöhnlich streng, ja gnadenlos über sich zu Gericht, man ist geneigt, von einer Anlage zum Flagellantismus bei ihm zu sprechen, vor der ein Biograph mit der gehörigen Distanz ihn hätte beschützen müssen – von einem »verleugneten Leben« in seinem Falle zu sprechen, ist angesichts des Kenntnisstandes dieses einstigen Herrn Secretarius nicht weniger als eine Verleumdung. Und dennoch – das gehört eben zu den zahlreichen Unglücksfällen in Doderers Leben: diese Biographie ist die einzige in ihrer Gründlichkeit; wer Detailliertes über Doderer wissen will, wird sich dieser literaturhistorischen Kuriosität bedienen müssen. Und so auch ich jetzt, wo es ums Bogenschießen geht – man verzeihe mir also die ausführliche Parenthese, die meinen Widerwillen, aus dieser unreinen Quelle zu schöpfen, erklären soll. In dem gleichfalls von Fleischer herausgegebenen Bildband finden sich auch Photographien des Bogenschützen Doderer aus den dreißiger Jahren: er trägt Knickerbocker und schaut sehr grimmig drein, während er den Bogen spannt, da ist gar nichts Spielerisches oder Ironisches auf seinen Zügen, er ist ganz in sein ernstes Manneswerk versunken, und um die sportliche Ekstase geradezu in Riefenstahl-Nähe zu treiben, gibt es dann auch Bilder, die den Bogenschützen mit knapper Badehose im elterlichen Garten des nahe dem Semmering gelegenen Landhauses Riegelhof zeigen.

Es blieb bei der Betrachtung dieser Bilder nicht aus, an die von Eckermann beschriebene Szene in Goethes Garten zu denken,[3] die Doderer gewiß bekannt gewesen ist. Eckermann übte sich gleichfalls im Bogenschießen, und Goethe gab ihm eines Tages seinen Bogen zum Probieren. »›Nun lassen Sie mich einmal‹, sagte Goethe. Ich war glücklich, daß er auch schießen wollte … Goethe schob die Kerbe des Pfeiles in die Sehne, auch faßte er den Bogen richtig, doch dauerte es ein Weilchen, bis er damit zurecht kam. Nun zielte er nach oben und zog die Sehne. Er stand da, wie der Apoll, mit unverwüstlicher innerer Jugend, doch alt an Körper. Der Pfeil erreichte nur eine sehr mäßige Höhe und senkte sich dann wieder zur Erde … ›Noch einmal!‹ sagte Goethe … Goethe gefiel mir bei diesem Schießen mit Pfeil und Bogen über die Maßen. Ich dachte an die Verse: Läßt mich das Alter im Stich? / Bin ich wieder ein Kind?«

Wie Apoll stand auch Doderer da, die Schießleistung mag gleichfalls der des Dichterfürsten geglichen haben, aber ein Kinderspiel ist das Bogenschießen für ihn wohl nicht gewesen, jedenfalls nicht im Sinne einer Entspannung im Spiel, sondern in jener Ernsthaftigkeit, mit der nur Kinder ihre geheimen Rituale vollziehen. Man könnte es ein geheimes Kinderritual nennen, wie er an seine Pfeile und Bogen gekommen ist: eine sehr jugendliche Amazonin hat sie ihm, mit gewichtigen Devisen verziert, regelrechten Ermahnungen für sein Schriftstellerleben, in einer für die Entwicklung seines großen Romans entscheidenden Stunde überreicht, wie dem Tamino in der *Zauberflöte* von den drei Knaben sein Wunderinstrument übergeben wird. Die knabenhaft

---

3 Johann Peter Eckermann: *Gespräche mit Goethe in den letzten Jahren seines Lebens.* Frankfurt am Main 1999, S. 564 ff.

schlanke Studentin Gaby Murad, die niemals Doderers Geliebte war, aber wahrscheinlich der beste Freund seines ganzen Lebens, und auch für seine Wendung zur katholischen Kirche eine entscheidende Bedeutung hatte, schenkte ihm zu seinem achtunddreißigsten Geburtstag einen englischen fünfundvierzig-Pfund-Bogen mit Pfeilen, für die sie selber einen bemalten ledernen Köcher hergestellt hatte. »HNSP – hic et nunc semper paratus – hier und jetzt immer bereit«[4] – stand auf der Pfeiltasche. Was es mit diesem Bereitsein auf sich hatte, wird unsere Gedanken über die Doderersche Epik noch begleiten. Vorläufig wollen wir uns von dem Bogenschützen Doderer mit der Vorstellung verabschieden, wie er mit Pfeil, Bogen und Köcher als Zivil-Indianer durch die Straßen von Döbling und Dachau zog, um zu den Gärten zu gelangen, in denen er das Schießen übte.

Seltsam wie dies Bogenschießen mag der Einfall empfunden werden, einen Versuch, Doderers epische Methode darzustellen, mit der Beschreibung dieses Schützentreibens zu beginnen. Die Gestalt Heimito von Doderers gehört aber immer noch zu den großen Unbekannten – so nennt man im Literaturbetrieb die Schriftsteller, von denen viele schon einmal ein Gerücht gehört, wenige jedoch ein Buch gelesen haben. Der »große Unbekannte« ist der ewige Geheimtip, das Idol der kleinen eingeschworenen Gemeinde – solche Gemeinden können dann übrigens eine weitere Garantie dafür sein, daß der Ruhm sich nicht doch noch verbreitet, denn von außen betrachtet wirken Gemeinden nicht eben anziehend. Und ist es nicht eigentlich für den

---

4 Diese Devise steht auch auf Doderers Grabstein auf dem Grinzinger Friedhof.

Autor auch ein wenig erniedrigend, wenn der ihm verweigerte Ruhm von seinen Anhängern unablässig mit selbstgefälligem Gejammer eingeklagt wird, als gebe es für irgendeinen Schriftsteller auf Erden ein Anrecht darauf, gelesen zu werden?

Es gibt freilich jene unsichtbare Res publica der wirklichen Leser, die sich der beständigen Mühe unterziehen, aus dem unvergleichlichen einzelnen Werk Maßstäbe zu gewinnen, um die einzelne künstlerische Individualität in das niemals abgeschlossene und in stetem Wandel begriffene Gebäude der Literatur einzupassen. Diese Arbeit ist ein kollektives Werk, geschieht ohne großen Lärm und ist für die Nicht-Lesenden, die sich vom Tagesbetrieb der literarischen Öffentlichkeiten unterhalten lassen, gar nicht wahrnehmbar. So konnte es denn geschehen, daß im Beck Verlag, Doderers langjähriger Heimat bis heute, in den letzten Jahren zwei umfangreiche Literaturgeschichten der neueren Literatur[5] erschienen sind, in denen der Name Doderer nur am Rande oder überhaupt nicht fällt, daß zugleich aber in den sehr unvollkommenen Roman-Kanon[6] jenes langjährigen Literaturpropagandisten, der in seinem Leben nie eine Zeile über Doderer veröffentlicht hat, nun dennoch die *Strudlhofstiege*[7] aufgenommen worden ist – weil es, wie

---

5 Bengt Algot Sörensen: *Geschichte der deutschen Literatur* Bd. II. München 1997; Helmuth Kiesel: *Geschichte der literarischen Moderne. Sprache, Ästhetik, Dichtung im zwanzigsten Jahrhundert*. München 2004. Sörensen behandelt Doderer auf einer knappen halben Seite gegenüber vier Seiten für etwa Christa Wolf. Kiesel erwähnt Doderer überhaupt nicht.

6 Marcel Reich-Ranicki: *Der Kanon. Die Deutsche Literatur. Romane*. Frankfurt am Main 2002.

7 Heimito von Doderer: *Die Strudlhofstiege oder Melzer und die Tiefe der Jahre*. Roman. München, Biederstein Verlag, 1951.

man bei solch geheimnisvollen Prozessen wohl am klügsten sagt, nun einfach nicht mehr zu vermeiden war.

Der rein quantitative Zeitverlauf spielt für die Bewertung solcher Vorgänge eine bedeutende Rolle. Vierzig Jahre ist Doderer nun tot, und seine Causa ist immer noch nicht abgeschlossen. Es gibt in dem bewußten Kanon Autoren, die diese vierzig Jahre nach dem Tod noch nicht hinter sich gebracht haben und die in keinen noch so dubiosen Kanon mehr geraten werden, wenn die ominösen vierzig Jahre denn einmal durchmessen sind.

Viele Gründe kann man ausfindig machen, um sich zu erklären, warum Doderer der große Erfolg zunächst versagt blieb, und unter Erfolg soll man hier nicht beachtliche Auflagen, gute Kritiken und Staatspreise verstehen, sondern den Vorstoß in den allgemein akklamierten Kreis der Repräsentanten der jeweiligen literarischen Epoche. Er ist im selben Jahr wie Ernst Jünger geboren, blieb aber in der für die Genese von literarischem Ruhm sehr bedeutsamen Zwischenkriegszeit völlig unbekannt; seine großen Romane veröffentlichte er nach seinem sechzigsten Geburtstag in einer kulturellen Szenerie, die einerseits von den Vorkriegsgrößen, andererseits von der Gruppe 47 bestimmt wurde – er war kein Vorkriegsschriftsteller und kein Nachkriegsschriftsteller – zwischen Brecht und Thomas Mann war für ihn kein Stuhl frei. Politisch war er, was man ominös »belastet« nennt, wenngleich die Mitgliedschaft in der in Österreich illegalen Auslands-NSDAP, die er 1933 erwarb, von geradezu federleichter Irrealität war. Doderer hat keine Zeile geschrieben, die dem Nazitum verpflichtet gewesen wäre, hat sich nirgendwo politisch betätigt, keine Reden und Artikel mit Nazi-Tendenz veröffentlicht, keinerlei Vorteile aus seiner Parteimitgliedschaft gezogen und ist

Atelier in der Hartäckerstraße, Wien 1935

Bogenschießen am Riegelhof

23

1939 von einem Priester, der eine große Organisation zum Schutz verfolgter Juden aufgebaut hatte, in die katholische Kirche aufgenommen worden. Zur Verhinderung des Nobel-Preises hat diese aus niemals wirklich geklärten Gründen angenommene Parteimitgliedschaft allerdings dann doch gereicht.

Nein, das Bogenschießen war es nicht, was die Rezeption dieses Schriftstellers so schwer gemacht hat, aber zu dem Komplex der Eigenschaften, die ihn fremdartig und kauzig erscheinen ließen, gehört es doch hinzu. Es ist Doderer gelungen, in den zwanziger Jahren, als die berühmten Autoren sich in Wien auf die Zehen traten, mit kaum einem dieser einflußreichen, redseligen und ruhmfördernden Kreise in Verbindung zu stehen. Doderer lebte in einem großen Freundeskreis, der in seinen Romanen wohlaufgehoben ist, aber er kannte, wie die Snobs sagen würden, »niemanden«. Der priesterliche Maler und Dichter Albert Kiehtreiber, der sich Paris von Gütersloh nannte und nach dem zweiten Weltkrieg den »phantastischen Realismus« der Wiener Schule beeinflußte, wurde sein Guru. Er nötigte sich diesem Mann als Schüler geradezu auf und übersah mit selbstverleugnender Entschlossenheit, daß er seinem Meister äußerst unsympathisch war. Gütersloh sollte seinen sich selbst dazu deklariert habenden Schüler später mit offenem Haß verfolgen. Es fällt nun schon zum zweiten Mal das starke Wort Haß, und es fällt nicht unbedacht. Doderers Person scheint stets heftige Affekte ausgelöst zu haben, Aversionen vor allem, die von der großen Sympathie, die ihm von andern entgegengebracht wurde, nicht ausgeglichen werden konnten. Ein Feind kann mehr schaden, als zehn Freunde nützen. Dies Resümee zu Doderers Leben beleuchtet auch den Unterschied zu dem gleichfalls nicht unbedingt sympathischen, aber hochdiplomatischen Thomas Mann, dessen Werk stets von breiter Zustimmung getragen wurde.

Thomas Mann kann auch zum Verständnis der vielleicht größten Schwierigkeit führen, die die Doderer-Romane zu überwinden hatten. Man vergegenwärtige sich nur die Stoffe der Mannschen Romane: eine Familiengeschichte nach der Dekadenz-Theorie; ein geistesgeschichtliches Szenario des Europa vor 1914 zwischen bürgerlichem Liberalismus und keimendem Totalitarismus, verkörpert in der unheilvollen Stagnation eines Sanatoriums für Schwerkranke; Genie und Wahnsinn als Theorie des deutschen Nationalsozialismus; Religionsgeschichte, Mythos und Entmythologisierung. Anhand dieser Romane hat das große Publikum historische Probleme kennengelernt und diskutiert, auch in der Literatur sehr fernen Milieus waren die Mannschen Stoffe deshalb präsent. Mann behandelte, wie es so schön heißt, »die drängenden Fragen der Zeit« – seiner Jugendzeit, die durch Nietzsche- und Schopenhauer-Lektüre und die Philosophie der Wagner-Opern geprägt war, vor allem. Mit *Zauberberg* und *Doktor Faustus* sind Thomas Mann Bücher gelungen, deren Namen allein schon ganze historisch-ästhetische Epochen in kraftvoll zusammengeballter Form enthalten; der Leser dieser Werke glaubt die geschilderten Epochen wirklich in Besitz genommen und durchreist zu haben und bis hin zu ihrer historischen Bewertung und abschließenden Beurteilung gelangt zu sein.

Was hat der nach Aufklärung, Bildung und Belehrung begierige Leser hingegen zu erwarten, wenn er sich der Lektüre der beiden Riesenromane Doderers zuwendet, der bereits erwähnten, vom Suhrkamp Verlag kanonisierten

Strudlhofstiege und den *Dämonen*,[8] dem noch viel umfang-
reicheren Werk, dem eigentlichen Hauptwerk, das in allen
anderen Werken des Autors entweder vorbereitet oder
nachbereitet worden ist? Man könnte die beiden Romane
übrigens als Einheit auffassen, weniger aber im Sinne eines
Diptychons als einer Zusammengehörigkeit nach der Methode Balzacs und seiner *Comédie humaine*. In den beiden sehr unterschiedlichen Werken treten nämlich zum Teil
dieselben Personen auf; das Schicksal eines der Protagonisten, obwohl man von Hauptfiguren eigentlich nicht sprechen mag, der Mary K., die am Ende der *Strudlhofstiege*
einen schlimmen Unfall erleidet – die Straßenbahn fährt ihr
ein Bein ab –, vollendet sich glücklich am Ende der *Dämonen*. Balzacartig ist die Entscheidung, dieselben Menschen
am selben Ort, der Stadt Wien, in wechselnder Konstellation und in sich wandelnder ästhetischer Atmosphäre auftre-
ten zu lassen. *Die Dämonen*, das in vieler Hinsicht radika-
lere, kompositorisch offenere Werk, das in der Abstraktion
seiner inneren Zusammenhänge musikalischere Werk, soll
hier im Vordergrund stehen, auch weil, wie sich später zeigen wird, die Art seines Entstehens im Tagebuch auf besonders ungewöhnliche Weise Spiegelung und Ergänzung
erfährt.

Wovon also handeln die *Dämonen*? Auf welche Weise
wäre der Dämonenstoff zu charakterisieren, wenn man ihn
den genannten Versuchen, das Mannsche Werk auf jeweils
eine Formel zu bringen, gegenüberstellen wollte? Doderers
Definition scheint hier zunächst ebenso provokativ wie in
seinem Fall jedenfalls unzutreffend: Es handele sich bei

---

8 Heimito von Doderer: *Die Dämonen. Nach der Chronik des Sektionsrates
    Geyrenhoff*. Roman. München, Biederstein Verlag, 1956.

einem Werk um einen Roman, wenn man nicht sagen könne, was darin vorkomme.[9] Wer literaturhistorische Zusammenfassungen liest, weiß doch längst, daß es sich bei den *Dämonen* um den großen »Österreichischen Staatsroman« handelt, in dem die innenpolitische Katastrophe der Zwischenkriegsjahre vor dem Anschluß an Deutschland, der Brand des Wiener Justizpalastes im Jahre 1927 beschrieben wird, das »Cannae der österreichischen Freiheit«, wie es im Roman sogar heißt, die Entfesselung des Bürgerkrieges, der später dann durch die Dollfuß-Diktatur nur unterdrückt wurde und im Aufgehen Österreichs im Hitlerstaat endete. Der Titel des Romans scheint der Betrachtung dieser höchst historischen Ereignisse eine besondere Färbung mitgeben zu wollen: es gibt eben bereits einen politischen Roman, der das Vorspiel vor einem Bürgerkrieg und einer Diktatur zum Gegenstand hat, ein Werk von beträchtlicher prophetischer Schau: Dostojewskijs *Dämonen*[10] – die erst in neuster Zeit nicht mehr unter diesem Titel erscheinen, weil *Besy* eigentlich nicht die Dämonen, sondern die von ihnen besessenen Menschen bezeichnet. Doderer, der von Dostojewskij nur als dem »Heiligen Fjodor Michailovic« zu sprechen pflegte, hat überdeutlich seinen Roman auf dies Vorgängerwerk geradezu hinkomponiert. Das zeigt sich in Anspielungen und Zitaten, die bis ins Detail der Geschichte gehen – wenn es denn eine Geschichte sein sollte. Sein Roman gibt sich wie bei Dostojewskij teilweise als Chronik einer der handelnden Personen, des Sektionsrats a. D. Gey-

---

9 Heimito von Doderer: *Repertorium. Ein Begreifbuch von höheren und niederen Lebenssachen*. Hg. Dietrich Weber. München, Biederstein Verlag, 1969.

10 F. M. Dostojewskij: *Die Dämonen*. Roman. Aus dem Russischen übertragen von E. K. Rahsin. München 1956.

renhoff, der auch in der Abkürzung »G-ff« erscheint, damit die Parallelität zu Dostojewskijs Rittmeister a. D. Gaganoff nur ja recht deutlich wird. Wie in dem russischen Werk heißt bei Doderer der Kreis der Intellektuellen, in dem ein großer Teil des Romans spielt, »die Unsrigen«. Dem Brand der Schpigulinschen Fabrik entspricht der Brand des Justizpalastes; es gibt einen politischen Mord – die Ermordung des kleinen Krächzi – wie bei Dostojewskij; es gibt ein Fest – die Tischtennisparty bei den Siebenscheins –, das dem Fest bei dem deutschrussischen Gouverneur entspricht, und es gibt den in beiden Romanen eingeschobenen Beichtbericht über ein Verbrechen mit sexuellem und rituellem Hintergrund. Wer ein wenig sucht, findet gewiß noch mehr. Man könnte mit diesem Befund in Händen Doderers *Dämonen* geradezu als ein »Remake« des Dostojewskij-Stoffes bezeichnen, wie man in Hollywood sagen würde, wenn man von einer Neuverfilmung eines alten Filmstoffes spricht.

Ist es so einfach? Die Antwort sei vorweggenommen – es ist nicht nur nicht so einfach, es verhält sich mit den deutlich vom Autor selbst herausgekehrten Ähnlichkeiten zu dem Dostojewskij-Roman vielmehr so kompliziert, daß man von einem der vielleicht gar unlösbaren Rätsel dieses großen Buches sprechen muß. Die beschriebenen Ähnlichkeiten oder gar fingerdick unterstrichenen und dem Leser unter die Nase geriebenen Parallelitäten zwischen den beiden Werken mögen den Eindruck entstehen lassen, es handle sich auch um verwandte oder doch wenigstens ähnliche Geschichten, die hier erzählt werden – als lege der Autor mit den Dostojewskij-Zitaten eine Spur, die dem Leser das Verständnis und die Interpretation seines Buches erleichtern könnte. Allein, davon kann überhaupt nicht die Rede sein.

Versuchen wir einmal darzustellen, was Doderer uns in seinen *Dämonen* erzählt, wohl wissend, daß für den leidenschaftlichen und erfahrenen Leser solche Inhaltsangaben grundsätzlich zum Allerentbehrlichsten gehören. Um das quälende Exerzitium einer solchen Nacherzählung ein wenig zu erleichtern, wollen wir diesen Inhalt so wiedergeben, wie er uns in Erinnerung geblieben ist – nicht in der Weise also, wie er in Kindlers Literaturlexikon steht.[11] Die Philologen, die solche Inhaltsangaben verfassen, sind große Sinnstifter, die sich gerade da, wo wenig Zusammenhang ist, zum Aufsuchen von dennoch irgendwie ahnbaren Zusammenhängen verpflichtet fühlen. Wir bekennen, die *Dämonen* Doderers mit den Augen der Liebe gelesen zu haben. Liebe macht bekanntlich oft blind, manchmal aber auch sehend, sogar hellsichtig. Woraus also setzt sich der gewaltige Kosmos der *Dämonen* zusammen?

Nehmen wir zunächst den Kreis der »Unsrigen«, nicht weil er wichtiger wäre als die übrigen Motive, aber weil wir ihn bereits erwähnt haben. Das sind jugendliche Intellektuelle, Männer und Frauen, irgendwie mit der Universität verbunden, sich irgendwie ausbildend, improvisiert »möbliert« zur Miete wohnend überwiegend, in allen Anziehungen und Abstoßungen befangen, die vielfältige Liebesgeschichten mit sich bringen. Politisch scheint der Kreis der Unsrigen abstinent bis uninteressiert. Dann gibt es einen Zirkel der »Dicken Damen«, Konditoreibewohnerinnen und Tortengenießerinnen, erotisch teils erfolglos, teils erfolgreich in Intrigen und Phantasien verstrickt. Dann gibt es die Zeitungswelt, die Redaktion der »Allianzblätter«, die akribisch und glanzvoll beschrieben wird, ohne

11 *Kindlers Literaturlexikon*. Band 6 Chi–Dei. Zürich 1974.

weiterhin eine besondere Rolle zu spielen. Es gibt einen jungen Arbeiter, der aus sich heraus beginnt Latein zu lernen, Sekretär eines bibliophilen Prinzen wird und die bereits erwähnte einbeinige Jüdin erobert – die beiden sind die Lichtgestalten des Werks. Es gibt einen Prostituiertenmörder, der auf dieselbe Weise zu Tode kommt wie der von Orson Welles verkörperte Harry Lime in dem Film *Der Dritte Mann* – die Szene ist bis ins Detail dem Film nachgebildet. Es gibt einen jüngeren Industriellen, der ein Schloß erbt und in dessen Bibliothek einen sehr langen, gänzlich in den Roman aufgenommenen, im Lutherdeutsch verfaßten Bericht über die rituelle Vergewaltigung einer Frau Bürgermeisterin, die unter dem Vorwand Hexe zu sein gefangen ist, auffindet und sich bei der Lektüre über die eigenen sexuellen Vorlieben klar wird. Es gibt eine geheimnisvolle Träumerin und Clairvoyante, eine halbe Mystikerin, die ihr Traumbuch in einem der Romankapitel in Gänze unterbringen darf.

Ja – es gibt den Brand des Wiener Justizpalastes und eine große Schilderung der bewegten, in Aufruhr geratenen Menge, aber durch welche Fäden er mit allen anderen Motiven verknüpft ist oder verknüpft und vorbereitet sein soll, ist schwer zu sagen. Wirklich wichtig scheint dem Erzähler eine kleine Kriminalintrige zu sein, die sich durch das ganze Buch hindurchzieht: Ein Bösewicht mit dem seltenen Titel Kammerrat hat ein Testament unterschlagen, das zwei Geschwister, die aber gar keine Geschwister sind, was niemand weiß, begünstigt – diese gesamte Geschichte wird so kunstvoll ausgesponnen, daß ihre Auflösung schließlich hastig nachgereicht werden muß – es wird mit Gewißheit wenige Leser und Liebhaber der *Dämonen* geben, die diese Erbschafts- und Testamentsmachinationen verstanden haben und wiedergeben könnten. Noch etwas? Vieles wäre zu nennen und zu rühmen, etwa die ausführliche Schilderung des Kaffeehauses Kaunitz – nur, was dies Kaffeehaus Kaunitz in dem ganzen Gefüge eigentlich für eine Funktion hat, das ist so wenig ersichtlich, daß ich es vergessen habe. *Die Dämonen* haben eine bezeichnende Eigenschaft: wenn man eine schöne Stelle sucht, hilft es nicht, sich zu fragen, an welchem Punkt der Handlung sie gestanden haben könnte oder wo sie der Konstruktion nach wohl hingehörte. Stellen, die man am Schluß vermutet, findet man am Anfang wieder, was man zur Disposition zu gehören glaubte, kommt dann irgendwo in der Mitte. Hin und wieder unternimmt der Autor den Versuch, alle diese Teile, die wir uns vergegenwärtigt haben, ohne imstande zu sein, sie zu sortieren und in einen logischen oder auch unlogischen Zusammenhang zu bringen, mit ans Groteske reichenden Unwahrscheinlichkeiten doch noch zusammenzubinden; dann fällt die Unverbundenheit der zahllosen Motive im Sinne einer konventionell komponierten Geschichte erst recht ins Auge.

Warum heißt das Buch *Die Dämonen*? Die Heimitisten, wie man die leidenschaftlichen Kenner des Doderer-Werkes nennt, haben darauf eine Antwort. Aus dem Buch ergibt sie sich nicht, es ist vielmehr beim besten Willen nicht möglich, den Titel *Die Dämonen* aus dem in diesem Werk Verhandelten mit noch so gewagten Verbiegungen abzuleiten – ganz anders als bei dem Dostojewskij-Werk, in dem die Protagonisten tatsächlich von allen Mächten der Hölle geschüttelt erscheinen. Die Erklärung, die am ehesten überzeugt, könnte so aussehen: Als Doderer die Arbeit an den *Dämonen* begann, Anfang der dreißiger Jahre, gab er dem entstehenden Roman den Arbeitstitel *Dicke Damen* – die dicken Damen beschäftigten ohnehin seine erotische Phantasie und schwebten als Venus-von-Willendorf-förmige Luftballons und mütterliche Schutzgottheiten über dem für den Autor zu diesem Zeitpunkt und noch lange Jahre hindurch völlig undurchschaubaren literarischen Plan. Die *Dicken Damen* wurden im Tagebuch, das die Fortschritte und Krisen der Arbeit begleitete, mit *DD* abbreviiert – Abbreviationes spielen in diesen Tagebüchern eine große Rolle und erleichtern ihre Lektüre nicht gerade. Es ist nicht ersichtlich, seit wann genau *DD* nicht mehr *Dicke Damen*, sondern *Die Dämonen* heißt, aber man darf doch wohl annehmen, daß *Die Dämonen* als Titel hauptsächlich wegen des *DD* gewählt worden sind – sie sind ein Tarntitel, der den eigentlichen Titel, der dem Autor kostbar war, aber ihm als Romantitel doch wohl indiskutabel erschien, zugleich aufhebt und enthält, wie er ihn den Blicken der Nicht-Leser auch wieder entzieht.

Doderer war, wie wir wissen, der Sohn eines Architekten und hatte von seinem Vater dessen Reißbrett geerbt. Dies Reißbrett stand in seinem Arbeitszimmerchen neben dem winzigen Schreibtisch mit der kaum zwei DIN-A4-Seiten großen Schreibtischplatte; an diesem Reißbrett entwarf er mit Buntstiften seine verwickelten Handlungsabläufe. Blätter, die einst auf dieses Reißbrett gespannt waren, sind erhalten geblieben. Mit den erwähnten Buntstiften und in winzig kleiner Schrift sind Notizen über die große Fläche ausgebreitet und mit Pfeilen, Schlangenlinien und Bögen zu einem verwirrenden Netz voller Querverweise und kühner Bezüge geknüpft. Wer auf die Reißbrettblätter Doderers blickt, muß glauben, es handele sich bei seinem Roman um ein raffiniertes Beziehungssystem wie etwa bei einem Werk Nabokovs. Doderer hat diesen Eindruck gefördert. Es ent-

Im Dachauer Atelier, 1936

33

stand bei den Heimitisten eine regelrechte Legende vom Reißbrett. Drohend hatte der Vater über den Jugendjahren Heimito von Doderers geschwebt, in seinen Wutanfällen wurde er, wie der Autor es in seinem frühen Roman *Ein Mord, den jeder begeht*[12] beschreibt, »ebenholzschwarz«. Vielleicht ging es dem Autor wirklich im geheimen darum, durch Benutzung des väterlichen Arbeitsinstruments dem dahingeschiedenen, aus dem Jenseits seinen Sohn beobachtenden Familientyrannen zu beweisen, daß die Auferbauung eines Romans eine genauso ernsthafte und wissenschaftliche Beschäftigung sei wie die Errichtung einer Eisenbahnbrücke.

Mit Doderers eigenen Worten, die seine Leser unter ihren Zitatenschatz aufgenommen haben, sind solche Vermutungen »im Grunde lauter Gemeinheiten«.[13] Aber eines steht für diese Leser, wenn sie sich über die inhaltliche Konstruktion der *Dämonen* und auch der *Strudlhofstiege* erinnernde Rechenschaft ablegen, eben auch und nicht minder fest: dies Treiben am Reißbrett, diese Pfeile und Schlangenlinien, sie führen ganz gewiß nicht in das Geheimnis dieser Bücher. Sie lenken vielmehr davon ab. Sagen wir es roh: was an Konstruktion in diesen Büchern erkennbar ist, wirkt derart an den Haaren herbeigezogen, derart verstiegen, unglaubwürdig, daß an dem notorischen Reißbrett allenfalls ein verrückt gewordener Hilfsingenieur tätig geworden sein kann, dem es nur darauf ankam, die närrische Idee, alles mit allem irgendwie zu verknüpfen, möglichst pedantisch und ohne Rücksicht auf Wahrscheinlichkeit und in-

---

12 Heimito von Doderer: *Ein Mord, den jeder begeht*. Roman. München, C. H. Beck'sche Verlagsbuchhandlung, 1938.

13 Stehende Redewendung in der *Strudlhofstiege*.

nere Logik abzuwickeln. Man müßte freilich ein geistiger Bruder ebendieses Ingenieurs sein, wenn man an dieser Konstruktion Anstoß nehmen wollte, und es gehört zu den Wundern in dem nicht nur an Pech, sondern auch an Wundern reichen Leben Doderers, daß solche Ingenieure der Literaturkritik, die es ja durchaus gibt, gegen ihn nicht in nennenswertem Maß aufgetreten sind.

Mir scheint sogar, als habe man die Konstruktions-monstrositäten der Romane bisher noch gar nicht richtig bemerkt. Und das ist nicht erstaunlich. Wer sich in einen Doderer-Roman hineinbegibt, wie man aus dem Bahnhof kommend eine Stadt betritt, wird alsbald von Eindrücken so überschwemmt, daß er sich treiben läßt, ohne den Stadtplan zu konsultieren. Man könnte diese Bücher auch mit großen Festen vergleichen, auf denen man sich durch die Menge drängt, Leute trifft, wieder verliert und wiedertrifft, aber in neuer Konstellation, auf denen man sich für eine Weile allein oder zu zweit auf einer Terrasse befindet, die dann unversehens voller Menschen ist, die das Feuerwerk sehen wollen, auf denen man durch alle möglichen Stimmungen gleitet bis zum fahlen Morgen und zum ersten Vogelzwitschern und die man halb betrunken, halb nachdenklich verläßt. Ein solches Fest vereint in seiner Dramaturgie, daß sehr viel passiert und daß zugleich überhaupt nichts passiert, daß das Ganze mehr ist als seine Teile, daß die Gäste des Festes von der herrschenden Stimmung durchdrungen und eingefärbt und unbestimmt deutlicher, größer, kompletter erscheinen – und in diesem Sinn ist ein großer epischer Roman ein Fest – vielleicht ohne Handlung, aber in einem Raum, der alles zusammenhält, einem Palast womöglich mit vielen Zimmern, in denen die Musik aus dem großen Saal oft nur noch schwach zu hören ist.

Unaussprechliches, Unbeschreibliches waltet, was diese Wirkungen angeht. Das hindert nicht, daß Doderer nicht doch versucht hätte, sie zu definieren, oder eher, die Bedingungen zu sistieren, unter denen sie zustandekommen.

Vorbereitungen und Nachbereitungen umgeben die beiden großen Werke Doderers; diese Bemerkung bezog sich auf die Romane und Erzählungen, die *Strudlhofstiege* und *Dämonen* vorangingen und folgten. Die eigentliche Vorbereitung aber fand in den Tagebüchern statt, die in drei große Komplexe aufgeteilt werden können: die *Tagebücher 1920 bis 1939*[14] sind noch am ehesten mit dem vergleichbar, was man von anderen Dichterdiarien her kennt: Aufzeichnung des täglich Erlebten und Gedachten, wenngleich hier schon die durch den Meister Gütersloh angeregte und verstärkte Neigung zu erkennen ist, die Beobachtung des Alltäglichen unter höchstpersönlich entwickelten Kategorien der Psychologie oder der, wie es bezeichnenderweise heißt, »Geistesmechanik« zu erfassen. Das alles in hochkomprimierter Form, die die Erinnerung an die notierten Ereignisse und ihre Umformung im Roman oft unlösbar zusammendrängt. Bezeichnend für dieses Tagebuch sind Kurzessays. Die Arbeit am Roman stellt sich als Selbstbeobachtung dar, die nach einem sich beständig weiterentwickelnden System betrieben wird. Schon in diesen frühen Tagebüchern wird deutlich, daß es Doderer niemals in seinem Leben als Schriftsteller darum ging, im landläufigen oder eben in einem geistvoll verzwickten Sinn Geschichten zu erzählen. Der Gedanke an Geschichten, an Stoffe, an Spannung und Erzähltechnik taucht in diesen Tagebüchern,

---

14 Heimito von Doderer: *Tagebücher 1920 bis 1939*. 2 Bände. München, C. H. Beck Verlag, 1996.

die einzig um die Arbeit des Schriftstellers kreisen, überhaupt nicht auf. Man setze die Tagebücher des Henry James [15] dagegen, eine Sammlung von Erlebnissen und Menschen, aus denen sich eine Erzählung oder ein Roman entwickeln ließe.

Über längere Strecken könnte der Leser bei der Lektüre der Doderer-Tagebücher gar nicht auf die Idee kommen, es handele sich hier um ein Schriftsteller-Tagebuch, es gehe hier um die Arbeit an einer umfangreichen Erzählung. Diese Arbeit findet aber wie in einem anatomischen Theater des Barock an einem einzigen Körper statt, der in den Tagebuch-Seiten ausgebreitet liegt und bei lebendigem Leibe bis in die letzte Faser auseinandergenommen wird, wobei man sich, um die Unheimlichkeit des Vorgangs zu steigern, einen Körper von der Art des Prometheus vorzustellen hat, dem die Leber, die der rachsüchtige Zeus-Adler ihm aus der Seite hackte, beständig nachwuchs – so sind auch die Doderer-Organe nach Zergliederung alsbald wieder zusammengewachsen und zu neuer Zergliederung bereit. Das dem einzelnen Unsichtbare, die eigene Persönlichkeit, wird gleichsam detektivisch aus dem sexuellen Verhalten, aus Euphorie und Verstimmung, aus Sympathie und Antipathie gegenüber anderen, aus den niemals beherrschbaren Konditionen von Abkunft und Kindheit und aus der unwillkürlichen Erinnerung an alle möglichen Zustände der näheren und ferneren Vergangenheit neu zusammengesetzt.

Ab 1940 bis 1950 folgen dann die *Tangenten* genannten Tagebücher, die den Dostojewskij-Untertitel *Tagebuch*

---

15 Henry James: *The Notebooks*. Deutsch: *Tagebuch eines Schriftstellers*. Übersetzt von Astrid Claes. Köln 1965.

eines Schriftstellers tragen.[16] Es sind die am leichtesten lesbaren Tagebücher Doderers. Alles bis dahin Erlebte scheint eine Vorbereitung auf diese Jahre, in denen die eigentliche Produktion beginnt. Doderer wurde 1940 zum Militär einberufen und hat den Krieg auf Verwaltungs- und Ausbildungsposten in Frankreich, Rußland und Norwegen verbracht. Ein offenbar vergleichsweise müßiges Leben machte es möglich, an den *DD* weiterzuarbeiten; zugleich wuchs, gleichsam aus der Rippe der *Dicken Damen*, die *Strudlhofstiege* hervor. Das Manuskript scheint in Norwegen verloren, während Doderer aus Kriegsgefangenschaft entlassen nach Österreich zurückkehren darf. Er hatte den endgültigen Verlust schon als eine ihm speziell zugedachte »Buße« akzeptiert, als das Konvolut, ein Jahr verspätet, doch noch bei ihm eintrifft.

Hier sei in Parenthese eine Bemerkung zu Doderers moralischer Konstitution gestattet, die den Gegensatz zwischen der üblen Nachrede, der dieser Autor bis heute ausgesetzt ist, und der Realität recht deutlich macht: in den Hungerjahren zwischen 1945 und 1950, in denen Doderer wegen seiner höchstens virtuellen NSDAP-Mitgliedschaft mit Veröffentlichungsverbot belegt war, während sein »Meister« Gütersloh, der ein echter Nazi gewesen war, sich längst wieder als Präsident der Akademie in Amt und Würden befand, in der Zeit, in der das Manuskript verloren scheint, und während der Kämpfe um das Buch, das womöglich gar nicht veröffentlicht werden würde, und in äußerster materieller Not findet sich im *forum internum* des Tagebuchs kein einziges Wort des Haderns oder der Klage;

16 Heimito von Doderer: *Tangenten. Tagebuch eines Schriftstellers 1940 bis 1950.* München, Biederstein Verlag, 1964.

dieser Großmeister der täglichen Gewissenserforschung lehnt es ab, für irgendwelche Mißhelligkeiten des Lebens andere Instanzen als sich selbst verantwortlich zu machen, und läge fremde Schuld noch so deutlich auf der Hand.

Ein besonderes Abzeichen der *Tangenten* sind die Selbstgespräche, die der Autor über die Personen seines Romanes führt, von denen allein zwei schon Selbstportraits sind: der Schriftsteller Cajetan von Schlaggenberg, der Dicke-Damen-Systematiker, und René – Heimito-Renatus – von Stangeler – dazu muß man wissen, daß laut Grimmschem Wörterbuch ein »Doderer«, im Schwäbischen ein Stotterer, im alemannischen Dialekt ein »Stangeler« sein kann.[17] Und gerade über Stangeler wird wie über einen Fremden räsonniert, freundlich-distanziert wie über einen toten Bekannten, über den man sich Jahre später Vermutungen mitteilt. Im ganzen äußert Doderer über das *Tangenten*-Tagebuch aber eine Kritik, aus der er für die folgenden Tagebücher dann eine strenge Konsequenz zieht:

»13. Mai 1945 (Sonntag)
Kritik des Tagebuches (*Tagebuch eines Schriftstellers*). Ein Tagebuch wird um so geringere literarische Qualitäten haben, je mehr es sich in der Verlängerung oder sozusagen im Blickstrahle des bewußten ordnenden Denkens bewegt, oder: je weniger es epigrammatische Prosa darstellt, sondern descriptiv dem Exoteron nachzukommen – besser: nachzuhasten – sich bemüht, sei's auch unter Anbringung

---

17 *Deutsches Wörterbuch von Jacob und Wilhelm Grimm*. Bd. 2 Biermörder bis Dwatsch. Nachdruck der Erstausgabe. DTV 1984: »Doderer, *m. schwätzer, schreier, der in trunkenheit stottert*, s. daderer. *schwäb*. duderer *stotterer* Schmid 143 …« Ebenda Bd. 17 Sprecher bis Stehuhr: »Stangeln, *verb., mundartliches Wort* … 3) c) *im Berner oberland* stanggeln *stottern*. Stalder 2, 392.«

von Marginalien zu jenen äußeren Tatsachen: Privat-Journalismus. Geschrieben wird da einmal aus einem nicht schreibens-reifen Stadium, hierüber besteht kein Zweifel. Sonderlich, wenn man bedenkt, daß sogenannte Fakten bis zur descriptiven Schreibens-Reife, bis zu ihrer Wiederkehr als frei steigende Erinnerung an irgendeiner überraschenden Kurve des Gedächtnisses, viel längerer Liegezeit bedürfen als Gedanken, wenn solchen zunächst die Einheit von Form und Inhalt fehlte, sie also noch keine Gedanken waren. Aber viele entsteigen doch fertig und feucht von ihrer Geburt dem Bad des unbewußten Denkens. Dementsprechend müßte der Schriftsteller im descriptiven Teil des Tagebuchs sich mit weit Zurückliegendem befassen, je nachdem, wie es zum freien Steigen käme. Das tut er. Nur nennt man's nicht mehr Tagebuch.«

Hier ist ein Terminus gefallen, der in Doderers Vorstellungswelt eine große Rolle spielt und der eine wichtige Verbindung zu den letzten Tagebüchern, den zwischen 1951 und 1966 geschriebenen *Commentarii*, herstellt, den Tagebüchern aus der Vollendungszeit der *Dämonen*, und der uns auch wieder den eingangs erwähnten Spielen mit Pfeil und Bogen näherbringen wird. Aus dem eine ganze Welt erschließenden Geschichtswerk der Brigitte Hamann, *Hitlers Wien*,[18] ist die geistige Atmosphäre der Kaiserstadt vor dem ersten Weltkrieg wieder ins allgemeine Bewußtsein gerückt worden. Man muß dies Wien eine große Suppenküche der Ideen nennen, mit vielen Töpfen, in denen geniale und halbgeniale Dilettanten ihre eigenständigen, durchweg selbstdachten und ausgedachten Welterklärungen, monokausale selbstverständlich, zusammenbrauten. Nimmt

18 Brigitte Hamann: *Hitlers Wien*. München 1996.

man die Zahl der von Selbst-Denkern und phantasievollen Autodidakten erschaffenen Weltsysteme dieser Jahre zusammen, erscheint selbst ein Sigmund Freud nur als einer unter vielen und in ein Umfeld von vor nichts zurückschreckenden Theorie-Begründern jedenfalls perfekt eingebettet.

Der Psychologie-Dozent Hermann Swoboda, der nie Professor wurde, hielt eine Vorlesung an der Wiener Universität, die der junge Kriegsheimkehrer Doderer besuchte und die ihn bis zum Ende seines Lebens beeindruckte. Swoboda bildete einen kleinen häretischen Seitenzweig der Freud-Schule. Er sah die Seele objektiven, biologisch-physikalischen Gesetzen unterworfen, eine Idee, die er zur gleichen Zeit wie Freuds Freund Wilhelm Fließ entwickelt hatte. In seinem Werk *Die Perioden des menschlichen Organismus in ihrer biologischen und psychologischen Bedeutung* [19] vertrat er die Überzeugung, alle seelischen und körperlichen Lebensvorgänge entwickelten sich in einem periodischen Rhythmus – von dreiundzwanzig Tagen bei Frauen und achtundzwanzig Tagen bei Männern; vor allem die Assoziationen, die bei Freud von der unbewußten Regie der Seele gelenkt wurden, gehorchten nach Swoboda solchen Rhythmen – Ereignisse traten den Menschen »freisteigend«, wie er es formulierte, also durchaus unabhängig von der augenblicklichen seelischen Situation, ins Bewußtsein, weil dreiundzwanzig oder achtundzwanzig Stunden oder auch ein Vielfaches davon seit ihrem ersten Eintreten oder der letzten Erinnerung an sie vergangen seien.

---

19 Hermann Swoboda: *Die Perioden des menschlichen Organismus etc.* Leipzig – Wien 1904.

Was es mit dem naturwissenschaftlichen Wert dieser These auf sich hat, kann uns in unserem Zusammenhang gleichgültig sein; Swoboda jedenfalls war nur geringer Erfolg mit ihr beschieden, eine Berufung zum Ordinarius blieb ihm stets verwehrt. Aber sein Begriff der »freisteigenden Erinnerungen« prägte sich seinem Schüler Heimito von Doderer tief ein. *Bedeutende Fördernis durch ein einziges geistreiches Wort* heißt eine kleine Goethe-Schrift;[20] so wurde der Begriff der »freisteigenden Erinnerung« zum Schlüsselbegriff in Doderers Auffassung von der Rolle der Erinnerung für den Roman.

Wissenschaftliche Theorien mögen haltlos sein und von der eigentlichen Zunft verworfen werden – als Vorstellungsmuster eines Romanciers können sie immer noch Verwendung finden und fruchtbar sein, denn wenn die Kunst ganz grundsätzlich darin besteht, eine Art Ordnung in einen amorphen oder chaotischen Stoff zu bringen, kann ihr dabei jedes wie immer geartete Ordnungsmodell dienen. Und die Vorstellung einer »freisteigenden Erinnerung« muß dem Romanschriftsteller, der es mit der Bearbeitung und Belebung seiner eigenen Vergangenheit zu tun hat, besonders entgegenkommen.

»Freisteigend« – dies Wort ruft schon ein Aufsteigen von Bildern, weniger im Kopf als wie im Theater geradezu vor den Augen als objektives, äußerliches Gesicht hervor, wie der tote Banquo mit blutenden Wunden vor Macbeth frei und durchaus unwillkommen aufsteigt. In der »freisteigenden Erinnerung« wird die Vergangenheit anschaubar, als ein aus der Ereigniskette herausgelöstes, zutiefst rätsel-

---

20 J. W. von Goethe: *Gedenkausgabe der Werke, Briefe und Gespräche.* Zürich 1948. Bd. 16, S. 879.

haftes, deutliches und zugleich bedeutungserfülltes Bild. In der freisteigenden Erinnerung wird die Vergangenheit zu einem alle Gegenwarten der Zukunft durchwirkenden Faden, sie mischt sich in die Gegenwart hinein, sie kommt, um erneut einen theatralischen Vergleich zu gebrauchen, unversehens während der banalen Vollzüge des Gegenwartsalltags zu Gast wie das Marmordenkmal des Komturs im Don Giovanni. In ihrem Aufsteigen enthüllt die Vergangenheit ihr eigentliches Gesicht. Nicht die Schillersche Devise hat recht: »Was sich nie und nirgends hat begeben / das allein veraltet nie«,[21] sondern im Gegenteil: nur das veraltet nicht, sondern erwacht erst zu eigentlichem Leben, was sich einst ereignet hat, was dann gründlich vergessen worden ist und was nun aus dem Grab dieser Vergessenheit aufsteigt; das wird der ewig junge, über die Generationen hinweg frische Stoff des Romans.

Die Ähnlichkeit und sogar echte Verwandtschaft zur Konzeption des Marcel Proust ist unübersehbar. Da Doderer das Proustsche Werk vor dem Ende des zweiten Weltkrieges wohl nicht zur Kenntnis genommen haben kann – es gibt keinerlei Spuren, die davor auf Proust-Lektüre hindeuten –, bleibt ein weiteres Mal das Geheimnis zu bestaunen, daß im Rahmen einer Epoche, wenn eine bestimmte Idee gleichsam zur Reife gelangt ist, an verschiedenen Orten der Welt die verschiedensten Leute, die nicht miteinander in Verbindung stehen, auf dieselben Gedanken kommen. Dies Phänomen macht Geschichte plötzlich sichtbar.

Es war notwendig, sich den »freisteigenden Erinnerungen« zuzuwenden, bevor ausführlicher auf die *Commen-*

---

21 Friedrich Schiller: *An die Freunde*, in: *Werke und Briefe in zwölf Bänden*. Bd. 1: *Gedichte*. Frankfurt am Main 1992, S. 207.

tarii, die Tagebücher der letzten Lebensjahrzehnte, einge-
gangen werden kann. Diese Tagebücher unterscheiden sich
stark von allen vorhergehenden, auch durch reichlichen
Gebrauch von Privat-Termini à la »freisteigende Erinnerungen«. Anekdotisches wird jetzt überhaupt nicht mehr
erzählt, »Tagesreste«, von denen man in der Traumdeutung
Freuds spricht, sind ausgeschieden. Alleiniger Gegenstand
ist die Arbeit am Roman, aber auf eine Weise, die weder in
den vorhergehenden Tagebüchern noch in den Arbeitstage-
büchern anderer Romanciers ihresgleichen hat. Bevor wir
uns Kostproben dieser *Commentarii* zuwenden, wollen
wir uns noch einige weitere Termini anschauen, die in ihnen
regelmäßig auftauchen; schon die Worterklärungen, die
Übersetzung dieser Begriffe »in Menschensprache«, wie
Kant es bei dem Versuch, die Terminologie Hamanns zu
entschlüsseln, nannte,[22] werden Wichtiges über den Charakter der Einträge preisgeben. Doderer selbst hat sich um
die Definition seiner Termini immer wieder neu bemüht, er
hämmert sie sich und trichtert sie sich regelrecht ein, in
ständig neuen Ermahnungen führt er sich seine Begriffe vor
und hält sie sich evident. Da uns jedoch darum zu tun ist,
die Dodererschen Termini, oder besser, die Methode, die
sie formulieren helfen sollen, dem gleichsam »profanen«
Bewußtsein eines größeren Leserpublikums näherzubrin-
gen, wollen wir uns nicht der Dodererschen Formulierun-
gen bedienen, sondern versuchen, sie uns mit eigenen Worten zu eigen zu machen.

Zentraler Begriff ist der »Schriftsteller«, dem der
»Anti-Schriftsteller« gegenübergestellt ist. Man ahnt, daß es

---

22 Erich Heintel: *Immanuel Kant und Johann Georg Hamann als Briefpartner*, in:
    Antaios 5, 1963, S. 469–475.

hier nicht um schriftstellerische Professionalität gehen kann, um eine Beherrschung schriftstellerischen Handwerks oder ähnliches. Für die Doderer-Romane spielt der Begriff der »Menschwerdung« ihrer Helden eine große Rolle, die »Schriftsteller-Werdung« ist da eigentlich nur Fortsetzung und Präzisierung dieser Menschwerdung. »Schriftsteller« und »Anti-Schriftsteller« sind anthropologische, darüber hinaus aber auch moralische Kategorien und der Maßstab seelischer Entwicklung. Im Dodererschen Sinne könnte man sich gar einen »Schriftsteller« vorstellen, der kein einziges Buch geschrieben hat, während die »Anti-Schriftsteller« sehr fruchtbar sind und unablässig produzieren. Der »Anti-Schriftsteller« ist die durch Herkunft, politische Überzeugung, ästhetisches Urteil, durch ihren Geschmack und ihre Grundsätze fest definierte, vom Panzer der eigenen Meinung luftdicht umschlossene Persönlichkeit, die sich in dieser unerschütterlichen Form, dieser Stempelform der Realität aufzuprägen sucht. Der »Anti-Schriftsteller« weiß schon, was er sehen wird, bevor er zu beobachten begonnen hat; er hat Partei ergriffen, auch sprachlich womöglich, durch eine von seinem Ausdruckswillen gezeichnete Sprache. Das ist es: Der »Anti-Schriftsteller« weiß, wer er ist und was er will.

Der »Schriftsteller« hingegen hat versucht und versucht es täglich aufs neue, den erwähnten Panzer – oft ist es auch nur ein Fischbeinkorsett oder gar ein Bruchband – abzulegen und den Schritt in die eigene Undefiniertheit und Formlosigkeit hinein zu wagen. Der »Schriftsteller« versucht, um es mit Ausdrücken der Doderer teuren thomistischen Philosophie zu sagen, die eigenen Eigenschaften von seinem Wesenskern zu trennen und als ablegbare Akzidentien zu begreifen. Er versucht, von sich nicht mehr zu denken, was wir alle täglich von uns sagen: »So bin ich nun einmal … das ist nicht meine Art … ich bin ein Mensch, der …« Daß es bei diesem Literaturverständnis kaum mehr darum gehen kann, »sich auszudrücken«, ergibt sich ohne weiteres aus dem Umstand, daß der solcherart gebildete »Schriftsteller« gar nicht mehr wüßte, wer es denn sei, der sich da ausdrücken solle. Die Krönung findet der »Schriftsteller« schließlich im »Nicht-Schriftsteller«, bei dem sich alles absichtliche stilistische und gestaltende Wirken spurlos aufgelöst hat. Gómez Dávila mag von ähnlichem sprechen, wenn er sagt: »Eines Tages landen die Wörter bei dem geduldigen Schriftsteller wie Schwärme von Tauben«.[23] Beim Nicht-Schriftsteller ist der Text durchscheinend und von tiefgründender Dunkelheit wie das Wasser eines langsam fließenden sauberen Flusses. Die dargestellte Wirklichkeit hat durch ihr »zu Kristallschießen in der Grammatik« – auch eine Lieblingsvorstellung Doderers – beinahe nichts verloren – auch im kristallinen Zustand läßt sich ihr schimmerndes Fließen noch erahnen.

Was den »Schriftsteller« und den »Nicht-Schriftsteller« macht, ist die »Apperzeption«: ein Ausdruck aus der Kantischen Philosophie, bei Doderer aber ein Schlüsselbegriff für eine seelische Haltung, die von der ganzen Person des Schriftstellers Besitz ergriffen hat. »Apperzeption« ist das Bereitsein, die Signale und Prägungen der Dingwelt und die aufsteigenden Bilder der Erinnerung zu empfangen. Wofern man das Empfangen mit der Weiblichkeit assoziieren möchte, ist der apperzipierende Schriftsteller weiblich,

---

23 Nicolás Gómez Dávila: *Escolios a un texto implícito*. Bogotà 1977. Deutsch: *Einsamkeiten*. Ausgewählt und übertragen von G. R. Sigl und Franz Niedermayer. Wien 1987.

Arbeitszimmer Währinger Straße. Im Vordergrund die Reißbretter für die Kompositionspläne

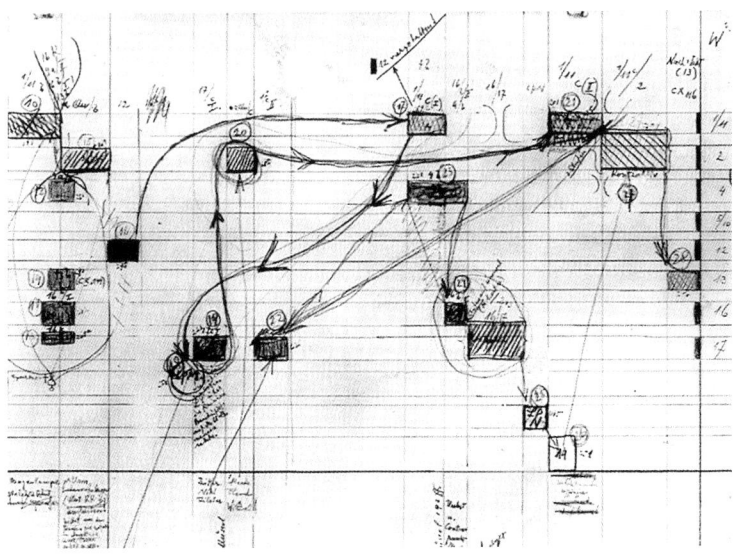

Einer der Kompositionspläne zu den »Dämonen«

nichts hervorbringend, was nicht durch ihn hindurchgegangen wäre. Raster und Muster, die sich zwischen Seele und Welt stellen könnten und die »Apperzeption« behindern oder die das Erlebte zu früh benennen, gliedern, kategorisieren wollen, hat der Meister-Apperzipierer bei sich abgeschraubt. In der »Apperzeption« muß die ungestaltete Botschaft der Welt gänzlich ungeformt einströmen. Diese Unordnung, dieses Chaos ist ein kostbares Stadium. Bei Doderer heißt es »Zerfall der Lage«. Hier wird der Unterschied zwischen dem politischen Denker und dem Schriftsteller Dodererscher Prägung besonders deutlich. Während für den politischen Denker der Imperativ des Carl Schmitt gilt: »Erkenne die Lage!«, soll dem Schriftsteller die Lage stumm werden, ausdruckslos und vieldeutig zur gleichen Zeit. Im »Zerfall der Lage« zeigt sich erst die Majestät des Objektiven in seiner unbegreiflichen Andersartigkeit. Im apperzipierenden Anblick des »Zerfalls der Lage« kann der Schriftsteller schon auf Erden »luft von anderem planeten« spüren, wie es in dem George-Gedicht [24] heißt, in ihr wird der fernste Planet die alltägliche Umwelt, die einer hat.

Über der »zerfallenden Lage« wölbt sich der »prägrammatische Raum«, mit dem wir es bei unserer Studie des Doderer-Deutsch bewenden lassen müssen, obwohl man diese Studie noch länger fortsetzen könnte. Im »prägrammatischen Raum« heißt es für den Schriftsteller so lange als möglich zu verweilen. Am besten verließe er ihn überhaupt nicht. Er würde sich dann zwar von seinem Publikum auf immer verabschieden, ein solches Publikum aber auch nicht mehr vermissen. In der Grammatik wird die köstlich stum-

---

24 Stefan George: *Der siebente Ring. Maximin.* Düsseldorf und München 1958, daraus »Entrückung«, S. 293.

me, köstlich reiche Wirklichkeit gleichsam frappiert, wie man das Eintauchen der aus dem Keller geholten Champagnerflasche in den Eiskübel nennt. Was umeinandertanzte und sich ineinanderwob, wird als Subjekt und Objekt auseinanderdividiert und grammatisch klassifizierend eingefroren.

Es erscheint für einen Schriftsteller überraschend, daß ihm die Sprache zwar ein Schlüssel ist, aber einer, der den Zugang zur Welt sowohl auf- als auch zuschließen kann; das Zuschließen, ja das Verrammeln dieses Welttörchens durch Sprache kommt dem Doderer der *Commentarii* als die weitaus größte Bedrohung vor. Im »prägrammatischen Raum« ist alles nur Duft und Stimmung: daher der Kult, den Doderer mit den verschiedensten Gerüchen trieb. Wie für die antiken Juden der Weihrauchgeruch im Allerheiligsten des Tempels die Schekina, die körperliche Anwesenheit des Gottesgeistes, darstellte und erlebbar machte, stiften für Doderer Gerüche – von Lack, von Lavendel, von dem Kampfer sommerlich eingemotteter Wohnungen vorzugsweise – den wirklichkeitserfüllten Raum, das aufgeladene, satte, sich ballende Sein, dessen mit sprachlichen Mitteln habhaft zu werden der große Meisterstreich ist; er mag früh einmal gelingen, aber er wird üblicherweise ein ganzes Leben als Vorbereitung brauchen. Sechzig sollte der Romancier also schon werden, und sechzig war Doderer, als er die *Dämonen* schließlich vollendet hatte.

Wir nähern uns dem Bogenschießen, aber wir sind noch nicht bei ihm angelangt, obwohl bei dieser andeutungsweisen Betrachtung der Doderer-Wörter vielleicht schon zu ahnen war, welche Bewandtnis es mit diesem Bogenschießen hatte. Schlagen wir nun aber nach so vielen Präliminarien endlich die Tagebücher auf, durchaus willkürlich und nicht nach schönen Stellen suchend, der besondere Charakter dieses umfangreichen Korpus von Aufzeichnungen wird sich schnell erschließen.

»21. August 1952. Jetzt weht mich jene Gegend an, wo Trix ihre Beschäftigung hat: die Treppe am Strom. Es ist ein fast zartes Empfinden. Die Reize der Landschaft sind hier bescheiden, und bedrängt von den Industriebauten, und doch so rührend zart wie die Grasflächen und ihre Halme da und dort zwischen den Fabriken. Das Blau des andern Ufers, in welches man hinüber und hinein sieht, blickt gehöht und schöner her, solchermaßen gerahmt, als es die in spinatgrüner Erhabenheit frei weg wogende ›Natur‹ je vermag.

Die wahre Nüchternheit – um welche es mir jetzt fast ausschließlich geht – beginnt schon bei der Apperception der näheren Umgebung, deren Konturen sich dadurch schärfen.

Döbling, Scheibengasse, wo ich einst wohnte, und den ›Fall Gütersloh‹ schrieb … Es war neu für mich, nah am Grün, an den Hügeln und Gärten zu wohnen; es waren reizvolle Spaziergänge: ich entdeckte. Damals schrieb ich auch noch für Zeitungen. Das liegt mir heute vollends fern … An sich ist's sinnlos, zur Literatur noch was hinzu zu tun, wie's die Wissens-Beamten hinzu tun, in der Medizin, der Rechtswissenschaft, und so weiter; eine geistige Aktion und Produktion ist für mich nur diskutabel und möglich als autobiographisches Heurisma.«

»Sonntag, 24. August. Jetzt und hier: eine der zahllosen Lagen. Man kann nicht nur in die Tiefe des Augenblicks versinken: man kann ihn auch relativieren. Ich saß auch bei

Wiesbaden auf dem von Trotteln bewohnten Fliegerhorst und schrieb in meinem Offiziers-Wohnraum.

Waldrand bei Ober-Sievering, ein Reh; wie verging das? ich meine: die Jahre, das Leben: doch großenteils mit Unsinn, kein Zweifel. Ich werde nie verstehen, daß ich umfängliche, complicierte und gelungene Arbeiten habe hervorbringen können; der Scherben, der ich bin, macht das Gewächs unverständlich.«

»Sonntag, 7. September. Überall ist heute unterer Himmel an der Erde hängen geblieben, das Grün in die Nebel-Watta eingehüllt. Wir müssen auch öde Strecken mit starkem Herzen durchschreiten; widernatürlich wär's, ja, in der Konsequenz geradezu grauenhaft, bestünde das Leben nur aus Gärten und zuckersüßen Lauben. Es gehört auch die Einsamkeit des Menschen zu seiner Würde: will er's gleich nicht – sie hält ihn doch beisammen. Später erwählt er sie dann, rückt zurück, gewinnt Abstand, und kann jetzt erst die Schönheit einer Welt erkennen, die bisher im großen und ganzen nur das Wirtshaus seiner Räusche war.«

»Mittwoch, 17. September, Berlin. Blumen, bunt, das Gesicht meiner Schwester, flache Schale der grünen Natur dahinter: der Wald. Das Schweigen um Leonhard. Das Geheimnis dieser Augenblicke hier, in meinem Hotelzimmer am ›Ku'damm‹, wie die Berliner sagen, ist kein anderes. Es sind Leonhard's schweigende Augenblicke im Walde.«

»Mittwoch, 1. Oktober. Man kann sein abgelaufenes Leben bis zu einem Grade durchsichtig machen, daß es fast wie eine klare Lymphe unter einem steht, mit keinem festen Objekt darin: vielmehr erscheint alles aufgelöst, vollends diaphan …«

»Mittwoch, 8. Oktober. *Schriftsteller-Provisorien.* Das Provisorische im Leben des Schriftstellers auf allen Gebieten entspricht seinem sprachlichen Verhalten, welches jede Festlegung einer Position vermeidet, vor deren Verificierung durch hinzugegebene und hinzutretende Grammatik. So auch macht er keine Ordnung, damit diese, hinzukommend, um so leichter sich Platz schaffen könne, so auch leuchtet er nicht dem Eros zu Zielen; dieser will freien Aus-Schuß für seinen Pfeil, der schwirrt, wann's dem Gotte beliebt. Vor der Grammatik, wenn schon nicht stumm, doch unbestimmt (Grammatik als neue Quelle der Skepsis!); vor der Ordnung, wenn schon nicht chaotisch, so elastisch; vor dem Eintreffen der Liebe aber, wenn schon nicht impotent, so annoch neutral.

Das Gegenteil von alledem könnte man nennen: ›Die praematuren Kristalle‹; und doch sind sie's nicht, sie knirschen nur im Getrieb' des Lebens, werden jedoch bald zu Brei, weil innen weich wie gefüllte Bonbons, vom Pseudologischen nämlich. Provisorisch in allem und jedem zu bleiben aber heißt, seine Leitfähigkeit bewahren: für die Grammatik, den Eros, die Ordnung.«

»Dienstag, 28. Oktober. Mir scheint heute, als sei meine eigentliche und wesentliche Vergangenheit von mir nie berührt worden – ein einiger locus intactus! – und was ich weiß und be-wüßte, nur das bedeutungslose leichte Geröll. Und doch ist dies Tiefere und Festere für mich da, es ist zu haben, ich kann es ergraben und gewinnen.«

»Mittwoch, 29. Oktober. Ich müßte eine neue Art von Tagebuch hier durchfädeln – in lila! – welches gleichsam den Kiel dieser Aufzeichnungen zu bilden hätte und ihr Gegengewicht: darin könnte das Ungestalte doch auf gestaltweise Art wie Wolkenballen gegen einander rollen, sich mischen und sondern; das Letzte und Unterste, was wir haben, was wir sind – jetzt blitzte und blendete kurz die Gegend bei der Votivkirche zu Wien auf – der Bauch des Lebens, der Abgrund von Unwissenheit, darüber wir schweben: rein von aller Ordnung, ihr vollends fremd, daher die wahren Bezüge und Schnur-Züge weisend – und also die wirkliche und wirksame Ordnung offenbarend.

Ein solches Journal zu führen hieße ein neues Leben beginnen.

Ein solches Journal zu führen wäre schon ein neues Leben. Das wölkt wie duftender Rauch herauf und belebt und beginnt alles von neuem.«

»Sonntag, 30. November. Sehen wir in unser Inneres, so ist's wie ein gestörter Teich durch die Steine des Wort-Denkens, die da unaufhörlich hineinfliegen … Man muß lange warten, lang durch den endlich beruhigten Spiegel gegen den Grund blicken, bis im geklärten Wasser sich endlich wieder was regt und heranschwimmt: silbernes Fischlein, ich grüße Dich! – schon aber fesselt mein Aug' tiefere Bewegung, am Grunde: ja, es ist ein langsam kriechender Krebs; und wer weiß, wer weiß, was Du da drunten noch alles wirst zu sehen bekommen … Wir haben gestört. Nun rühren wir uns nicht mehr: … Kälte und Nüchternheit steh' uns immer bei! Laß' uns das nüchterne Chaos sehen, und nicht von den Reflexen der zittrigen Oberfläche geblendet werden, wo unsere Wörter und Worte wie berauschte Korke tanzten …

Das alles ist … ein Gestoßen-Werden von Reizen, Gesichtern, Bildern, das meiste heut' auf dunkel-rauchi-gem, abendlichem Grunde verwandt jenen Ursprungs-Sei-ten der ›Stiege‹ im ›Cahier rouge‹ (Mont de Marsan). Noch

Jetzt und hier: eine der anklagen Fragen.
Man kann nicht nur in die Tiefe des Augen=
blicks versinken: man kann ihn auch relati=
vieren. Ich saß auch bei Wiesbaden auf dem von
Trotteln bewohnten Fliegerhorst und schrieb
in meinem Offiziers = Wohnraum. —
Mittstand bei Ober = Sievering; ein Reh;
wie verging das? ich meine: die Jahre, das
Leben: doch größtenteils mit Aussinn, kein
Zweifel. Ich werde nie verstehen, daß ich
umfängliche, complicierte und gelungene
Arbeiten habe hervorbringen können; der
Scherben, der ich bin, macht das Gewächs
unverständlich.   [⅔ 24 / VIII.

Überall ist heute unserer Himmel an der
Erde hängen geblieben, das Grün in die Nebel=
Watta gehüllt. Wir müssen auch öde Strecken
mit starkem Herzen durchschreiten; widerna=
türlich wär's, ja, in der Consequenz geradezu
grauenhaft, bestünde das Leben nur aus Gärten
und zuckersüßen Lauben. Es gehört auch die
Einsamkeit des Menschen zu seiner Würde:
will er's gleich nicht — sie hält ihn doch bei=
sammen. Später erwählt er sie dann, rückt
zurück, gewinnt Abstand, und kann jetzt
erst die Schönheit einer Welt erkennen, die
bisher im großen und ganzen nur das Wirk=
haus seiner Rausche war. —

»Commentarii«-Einträge vom 24. 8., 7. 9., 1. 10, 29. 10. 1952 nach dem
Original-Manuskript in der Österreichischen Nationalbibliothek, Wien

~~ex~~ Man kann sein ~~////////~~ abgelaufenes Leben bis
zu einem Grade durchsichtig machen, dass es fast
wie eine klare Lymphe unter ~~einem~~ steht, mit
keinem festen Objekt darin: vielmehr erscheint alles
aufgelöst, vollends diaphan . . . . Berlin war
mir nicht viel. Es war äusserlich wichtig; das
ist einzusehen. Aber es hat mir im wesentli=
chen nichts nennenswertes gebracht. [Mi. 1. X.

Ich müsste eine neue Art von Tagebuch hier
durchkritzeln — in Lila! — welches gleichsam
den Kiel dieser Aufzeichnungen zu bilden
hätte und ihr Gegengewicht: darin könnte
das Angestaltete doch ~~////~~ auf gestaltweise Art
wie Wolkenballen gegen einander rollen,
sich mischen und sondern; das Letzte und
Unterste, was wir haben, was wir sind —
jetzt blitzte und blendete kurz die Gegend
bei der Votivkirche zu Wien auf — der Baum
des Lebens, der Abgrund von Unwissenheit,
darüber wir schweben: rein von aller Ordnung,
ihr vollends fremd, daher die wahren Be=
züge und Schnur=Züge weisend — und
also die wirkliche und wirksame Ord=
nung offenbarend. — Ein solches
Journal zu führen hieße ein neues
Leben beginnen. — Ein solches Jour=
nal zu führen wäre schon ein neues Leben.

eine oberflächen-nahe Schicht, noch recht unruhig. Schul-bänke treten durch. Unterrichtsbilder an der Wand … Schon ist das Kinderzimmer da. Die Kinder-Sexualität. Das warme, geräumige duftende Reich von Mama's Boudoir, der Kamin … Jeder hat so was und dergleichen: man muß es relativieren und doch wichtig nehmen: aber dies Haben ist eine Grundtatsache, sie bestimmt unsere Reaktionen. Ein erheblicher Teil des von uns geglaubten eigenen Lebens ist allerdings nur eingebildet.«

Den längeren Passagen lasse ich noch ein paar abgerissene, aber für das Ganze bezeichnende Sätze folgen:
»Sauberer, papierener Geruch im mittleren kleinen Salon, Stammgasse. Nun tiefer hinein, nun kann sich alles auflö-sen.«
»Nur ein vollends chaotisiertes Sehen kann noch das Anti-dotum bilden gegen eine deperceptive Ordnung als Maske des Chaos.«
»Meine Unwissenheit hat erschreckend zugenommen. Also werde ich fähiger sein, etwas zu erfahren.«
»Zerfall und Zufluß: wer diese beiden meidet, hat keine Chance mehr zu unvorgeordneten Apperceptionen und damit zu Kräften zu kommen.«
»Es kömmt in der Kunst auf so weniges wirklich an: die Findung unterleuchteter Hohlräume, unbekannte Säle und Zimmer mitten im mühseligen Bergwerksgekrabbel des Lebens.«
»… wahllos heran, nie kann ja die Apperceptivität anders als unvorgeordnet sein: anders kriegen wir's nicht! So im ganzen – man greift's nicht anders als im chaotischen Zustand: dieser allein ist echt, ist griffig.«[25]
Wir haben genug vernommen, um verstanden zu

haben – sofern man solche geistigen Übungen einfach verstehen kann, indem man gewisse Begriffe aus ihrem Umfeld zur Kenntnis nimmt. Für alle Askese gilt, daß sie der versteht, der sich ihr unterzieht. Über tausend Seiten, über die beiden Bände der *Commentarii* erstrecken sich diese Übungen, dieses Sich-selbst-unablässig-Kontrollieren, Die-Fortschritte-Verzeichnen, Die-Ziele-immer-neu-Stecken. Üben heißt wiederholen, und so sind die Notate der *Commentarii* denn auch voller Wiederholungen, nur durch den Einzelfall des jeweiligen Tages modifiziert. Und diese Übungen sind der Humus, das lockere, durchlässige, nahrhafte Erdreich, in dem der Roman wurzelt.

Der englische Dramatiker Michael Frayn hat eine überaus geistvolle Komödie geschrieben, die auf dem Theater spielt.[26] Im ersten Akt sieht man das Bühnenbild einer Salonkomödie, in dem ebendiese Salonkomödie geprobt wird. Im letzten Akt, während der Premiere des Stücks, sieht man die Rückseite dieser Kulisse, von der aus die Schauspieler auf- und in die hinein sie abtreten. Auf ähnliche Weise sind die *Commentarii* mit den *Dämonen* verbunden, durch eine dünne Kulissenwand in die eigentliche Bühne und das dunkle Bühnenhaus aufgeteilt, während die Gestalten und die Gegenstände – die bei Doderer keineswegs leblos sind – durch diese Zellwand hin und her oszillieren. Fast ist es schon so, als seien die Romane nur Extemporalia des erreichten Übungsstandes – nicht was den Grad ihrer Vollendung angeht, jedoch in Rücksicht auf das Gewicht, das den Tagebüchern zukommt.

25 Heimito von Doderer: *Commentarii 1957 bis 1966*, S. 29, 59, 309, 403, 521, 530.

26 Michael Frayn: *Noises off*. London 1982.

Wie aber soll man dieses Training, das den Schriftsteller Doderer zum »Nicht-Schriftsteller«, um bei seinen Begriffen zu bleiben, machen sollte, eigentlich benennen? Nun endlich sind wir bei Pfeil und Bogen angelangt, jenem Kinderspielzeug aus den Sommern auf dem Riegelhof in der Winnetou- und Homer-Nachfolge. Aber schon auf dem Bogen, den Gaby Murad ihm schenkte, die Licea aus den *Dämonen*, hatte jene Devise gestanden, jenes »hic et nunc paratus«, das zunächst an das »Allzeit bereit« der Pfadfinder erinnert – auf einem Bogen schon gar –, aber auch in eine ganz andere Richtung, weit weg von Pfadfindern und lateinischer Kultur, in den fernen Osten zeigen kann. Sicher nachgewiesen ist erst für die fünfziger Jahre, daß Doderer sich mit dem japanischen *Zen in der Kunst des Bogenschießens*, wie ein populäres Büchlein des Japanologen Eugen Herrigel heißt,[27] beschäftigt hat. Da fiel die Literatur über Zen bei ihm aber auf einen überaus wohlvorbereiteten Boden. Er war, ohne es zu wissen, längst auf dem Weg zur Zen-Meisterschaft gewesen; noch mehr als im Falle der gedanklichen Verwandtschaft mit Marcel Proust ist hier ein intuitives Mitschwingen und Mitfühlen einer Zeitstimmung anzunehmen, in der ein erster Begriff von der Zen-Philosophie durch Daisetz Suzuki [28] vor allem nach Europa und Nordamerika gebracht wurde. Doderer war ein Zen-Jünger qua Temperament und qua künstlerische Erfahrung, bevor er es dann auch nach den Regeln dieser unausschöpflichen Kunst wurde, wobei die eigentliche Bogenschießerei bei ihm wohl immer nur den Charakter einer Geste hatte.

---

27 Eugen Herrigel: *Zen in der Kunst des Bogenschießens*. München 1959.

28 Daisetz Suzuki: *Zen und die Kultur Japans*. Übertragen von Otto Federer aus dem englischen Original *Zen-Buddhism and its Influence on Japanese Culture*. Reinbek 1958.

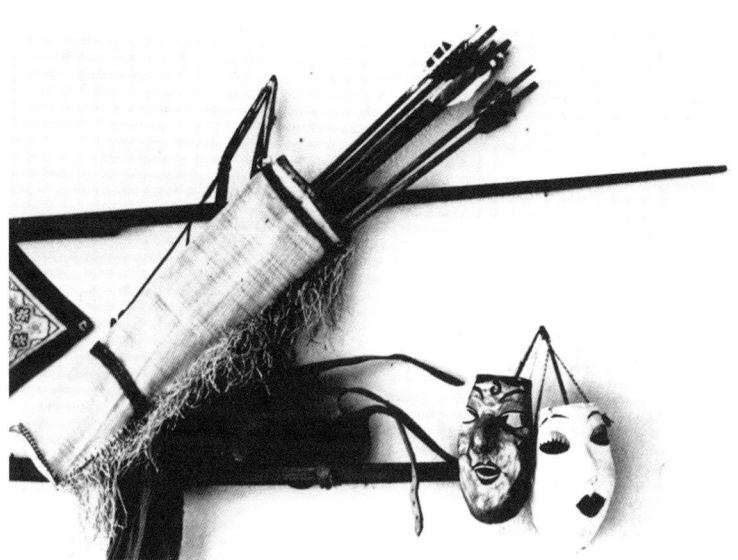

Pfeilköcher und Masken im Riegelhof-Atelier

Das handschriftliche Manuskript als gebundenes Buch, daneben die Korrekturen im Journal

Hier ist nicht der Ort für eine auch nur ahnungsweise angemessene Darstellung der Zen-Philosophie. Anders als die Scholastik des indischen Buddhismus und ihre große kosmologische Philosophie sucht der Zen eine Einstimmung auf den paradoxalen Charakter der Wirklichkeit zwischen Schein und Leere und der bunten Fülle des Seins. Zen ist vor allem eine Praxis: in härtester und geduldigster Übung zu einem rein intuitiven alogischen Verständnis der Welt zu gelangen, eine Einfühlung in die Natur der Welt durch Ich-Auslöschung zu erreichen, dahinzugelangen, um es platonisch zu sagen, daß man die Musik der sich aneinander reibenden Himmelssphären vernimmt und zugleich an ihrer Erzeugung teilhat. Der Begriff stellt sich zwischen den Gegenstand und dessen Erkenntnis wie ein Wandschirm; die angestrebte seelische Leere macht es hingegen möglich, sich ohne Begriffe der Sache zu nähern. Wilhelm Gundert, der seine berühmte Übersetzung der *Niederschrift von der smaragdenen Felswand*,[29] dieser Grundlage des japanischen und chinesischen Zen, noch zu Doderers Lebzeiten herausbrachte, spricht von »der herben Strenge, mit der die Zen-Bewegung immer wach die eigene Rede zügelt, gerade vor den heiligsten und höchsten Wörtern auf der Hut und stets darauf bedacht, daß ja nur die Sache selbst das menschliche Gemüt von Worten und Begriffen leer und unverworren finde.«

»In der Hütte der leeren Stille zuhause sein« – diese Zen-Maxime könnte sich wörtlich auch in den *Commentarii* befinden und findet sich in ähnlicher und variierender

---

29 *Bi-Yän-Lu. Meister Yüan-wu's Niederschrift von der smaragdenen Felswand.* Übersetzung von Wilhelm Gundert, Band 1 und 2. München 1960 und 1973. Band 3. Wiesbaden 2005.

Formulierung vielfach dort. Für Zen ist die Leere nicht das Ziel, wie in gewissen Schulen des indischen Buddhismus; sie ist vielmehr das Vakuum, in das die Welt mit ihren unendlichen Phänomenen »einströmen« kann – dies »Einströmen Lassen« gehört aber auch zu den Lieblingstermini Doderers. Im übrigen ist die undoktrinäre Zen-Philosophie gar nicht so unüberwindlich streng von unserem Kulturkreis geschieden: wenn Johannes der Täufer sagt: »Er muß wachsen, ich aber muß abnehmen«,[30] erweist er sich damit als originärer Zen-Meister avant la lettre, und auch Jesu Worte vom Korn, das sterben muß, um Frucht zu bringen, und von dem, der sein Leben liebt und es deshalb verlieren wird,[31] wären von den chinesischen Meistern der Tang-Zeit mit allen zeremoniell gebotenen Zeichen der Zustimmung begrüßt worden.

Wer Herrigels *Zen in der Kunst des Bogenschießens* liest, ein kleines Werk, das Doderer mit Gewißheit gekannt hat, sieht die Übungen der *Commentarii* zwanglos und geradezu gleitend ihren Ort in der Mitte dieser spirituellen Technik finden. Das Schießen ohne zu zielen in dem Vertrauen, daß Pfeil und Ziel einander suchen, die absichtslose Gespanntheit, aus der heraus der Schuß vom Schützen abfällt wie eine reife Frucht, die Idee einer »Meisterschaft der kunstlosen Kunst«, das höchste Ideal des Meisters, der selber zur kunstlosen Kunst wird und damit zum »Nicht-Meister« – diese herausgepflückten Begriffe schmiegen sich ohne weiteres in die Doderersche Privatterminologie ein und haben sie zum Teil sogar inspiriert, wie im Falle des uns

---

30 Joh. 3,30.
31 Joh. 12,24-33.

schon bekannten »Nicht-Schriftstellers«, der die Doderer angemessene Ausformung der soeben erwähnten »Nicht-Meisterschaft« ist. Vor allem eins bestätigt sich in den *Commentarii*: Doderer hat verstanden, daß Zen eine Praxis ist und keine Theorie, nichts, was man irgendwie über Begriffe aufnehmen könnte, wenn man die Begriffe nicht durch eigene unverdrossene Übung mit Erfahrung gefüllt hat. Die *Commentarii* sind deshalb weniger Dichter-Tagebuch, als den Tagebüchern religiöser Praktiker, Mystiker, Asketen vergleichbar, sie sind ein Dokument seelischer Übungskontrolle.

Deshalb wird jetzt auch verständlich, warum die Fülle der krassen erzählerischen Kunstfehler in den Romanen, die Zumutungen der Konstruktion selbst für den nicht geneigten Leser vergleichsweise wenig ins Gewicht fallen, oft auch gar nicht recht ins Bewußtsein treten. Man spürt, daß der Roman »sich selbst erzählt hat«, daß die Bogensehne, um es mit Herrigels Zen-Meister zu sagen, nicht bewußt losgelassen worden ist, sondern ohne Willensbeteiligung des Schützen seinen Daumen durchschnitten hat. In den großen Passagen der *Dämonen* ist tatsächlich einmal zu erleben, wieder mit den Worten des Zen-Meisters, »daß das Es zwischen Pfeil und Ziel tanzt« – etwa in der Szene, in der eine im Roman sonst nicht weiter vorkommende Hausfrau ausführlich geschildert wird, wie sie einen beim Einkochen von Obst entstandenen Zimmerbrand löscht. Aber auch an Stellen, die nicht solche Gipfel des Erzählens erreichen, bleibt immer spürbar, daß der Autor den Stoff und seine Sprache durch sich hindurchlaufen läßt, daß er den Fehlschuß erträgt, wenn nur nicht geistige Willensverkrampfung seine Ursache war, und so erträgt auch der Leser diese Fehlschüsse, die keine Zeugnisse fehlerhafter Haltung sind.

Ein Bild Doderers wäre unvollständig, ohne seine Neigung zum Grotesken zu erwähnen, die sich im Zen überraschenderweise bestätigen durfte. In dem Roman *Die Merowinger*,[32] der als Satyrspiel den Dämonen folgt, erreichen gewisse Gewaltexzesse, die bis dahin in den engen Bezirken kurzer Erzählungen mehr oder weniger weggeschlossen waren, einen Höhepunkt: therapeutische Gewalt ist es, wohlgemerkt, die hier mit wollüstigem Vergnügen zelebriert wird. Der »Plautz«, der überraschende Schlag mit der flachen Hand auf die Glatze, der Bartriß und alle Arten rüder Tritte sollen Aufgeblasenheit, »Greisenwut«, Unverschämtheit und Eitelkeit irgendwelcher Protagonisten zum Platzen bringen. Unmöglich, hier nicht an die schmerzhaften Strafen zu denken, die Zen-Meister durch plötzliche heftige Hiebe mit dem Stock oder dem Yak-Wedel dem ichbefangenen, ehrgeizigen, altklugen Schüler angedeihen lassen, damit er durch den Schock aus dem eingefahrenen Lebensgleis herausspringe.

Doderer muß beim Zen das Zusammengehen äußerster geistiger Verfeinerung mit hartem körperlichem Zuschlagen im Innersten entzückt haben. Man darf nicht vergessen, daß sich den angedeuteten Übungen der Willensverneinung ein Mann unterzog, der einer der originellsten Exzentriker seiner Zeit war und der vor aggressiver Intelligenz nur so barst – wäre es nicht so gewesen, hätten sich die bewußten Übungen freilich auch nicht gelohnt. Verständlich ist aber auch, daß eine Kunst, in deren Zentrum solche absichtslose Stille wohnt, in ihrer Einzigartigkeit so schnell nicht erkannt werden kann. Erst wenn die politischen, phi-

---

32 Heimito von Doderer: *Die Merowinger oder die totale Familie*. Roman. München, Biederstein Verlag, 1962.

losophischen und ästhetischen Diskussionen des neun-
zehnten Jahrhunderts, die die Literatur des zwanzigsten
Jahrhunderts so nachhaltig geprägt haben, vergessen und in
den Staub der Archive gesunken sind, wird ein Werk ganz
sichtbar werden, das an ihnen keinen Anteil hat.

Über den Autor

Martin Mosebach wurde am 31. Juli 1951 in Frankfurt a. M. geboren. Nach Besuch des humanistischen Gymnasiums studierte er Jurisprudenz in Frankfurt a. M. und Bonn und schloß diese Studien 1979 mit dem zweiten Staatsexamen ab. Seitdem lebt er als Schriftsteller in Frankfurt a. M. Inzwischen sind sieben zum Teil umfangreiche Romane er-

Foto: JOCHEN FIEBIG

schienen. Er hat aber auch Erzählungen und Gedichte, Reportagen und Libretti, Aufsätze über Malerei und Literatur geschrieben. Von seinen vielen Auszeichnungen seien nur der Heimito-von-Doderer-Preis 1999, der Heinrich-von-Kleist-Preis 2000 und der Große Literaturpreis der Bayerischen Akademie der Schönen Künste 2006 erwähnt. Er ist Mitglied der Deutschen Akademie für Sprache und Dichtung in Darmstadt, der Bayerischen Akademie der Schönen Künste und der Berliner Akademie der Künste.

Romane

Das Bett. Hamburg, Hoffmann & Campe Verlag, 1983.
Das Bett. Überarbeitete Fassung. München, DTV, 2002.

Ruppertshain. Hamburg, Hoffmann & Campe Verlag, 1985.

Ruppertshain. Überarbeitete Fassung. München, DTV, 2003.

Westend. Hamburg, Hoffmann & Campe Verlag, 1992.

Westend. München, DTV, 2004.

Die Türkin. Berlin, Aufbau Verlag, 1999.

Eine lange Nacht. Berlin, Aufbau Verlag, 2000.

Eine lange Nacht. Berlin, Aufbau Taschenbuch-Verlag, 2003.

Der Nebelfürst. Frankfurt am Main, Andere Bibliothek, Eichborn Verlag, 2001.

Das Beben. München, Hanser Verlag, 2005.

Erzählungen

Stilleben mit wildem Tier. Berlin, Berlin Verlag, 1995.

Das Grab der Pulcinellen. Berlin, Berlin Verlag, 1996.

Essays

Die schöne Gewohnheit zu leben. Eine italienische Reise. Berlin, Berlin Verlag, 1997.

Mein Frankfurt. Frankfurt am Main, Insel Verlag, 2002.

Häresie der Formlosigkeit. Die Römische Liturgie und ihr Feind. Wien, Karolinger Verlag, 2002.

Du sollst dir ein Bild machen. Über alte und neue Meister. Springe, zu Klampen, 2005.

Schöne Literatur. Essays. München, Hanser Verlag, 2006.

Gedichte

Rotkäppchen und der Wolf. Ein Versdrama. Hamburg, Hoffmann
& Campe Verlag, 1988.

Rotkäppchen und der Wolf. Ein Versdrama. München, DTV, 2006.

Das Kissenbuch. Frankfurt am Main, Insel Verlag, 1995.

Album Raffaello. Gedichte und Zeichnungen. Facsimilierte Ausgabe. Salzburg, Zens Verlag, 1995.

Kunstbände

Schermuly – Gegenstände. Stuttgart, Klett Verlag, 1989. (Als Herausgeber.)

Schermuly. München, Hirmer Verlag, 1991.

THEMEN – Eine Publikationsreihe der Carl Friedrich von Siemens Stiftung

In der Reihe *Themen* wird eine kleine Auswahl der im Wissenschaftlichen Programm der Carl Friedrich von Siemens Stiftung gehaltenen Vorträge in teilweise überarbeiteter und erweiterter Form veröffentlicht. Die Publikationen können von der Stiftung direkt bezogen werden. Vergriffene Bände sind mit dem Vermerk *vgr* gekennzeichnet.

1 Reinhard Raffalt: *Das Problem der Kontaktbildung in der zeitgenössischen Gesellschaft.* 1960. 2. Auflage 1970. 20 S. *vgr*

2 Kurd von Bülow: *Über den Ort des Menschen in der Geschichte der Erde.* 1961. 2. Auflage 1970. 32 S. *vgr*

3 Albert Maucher: *Über das Gespräch.* 1961. 2. Auflage 1970. 22 S. *vgr*

4 Felix Messerschmid: *Das Problem der Planung im Bereich der Bildung.* 1961. 2. Auflage 1970. 34 S.

5 Peter Dürrenmatt: *Das Verhältnis der Deutschen zur Wirklichkeit der Politik.* 1963. 2. Auflage 1970. 40 S. *vgr*

6 Fumio Hashimoto: *Die Bedeutung des Buddhismus für den modernen Menschen.* 1964. 2. Auflage 1970. 36 S. *vgr*

7 Clemens-August Andreae: *Leben wir in einer Überflußgesellschaft?* 1965. 2. Auflage 1970. 28 S. *vgr*

8 Rolf R. Bigler: *Möglichkeiten und Grenzen der Psychologischen Rüstung.* 1965. 2. Auflage 1970. 35 S.

9 Robert Sauer: *Leistungsfähigkeit von Automaten und Grenzen ihrer Leistungsfähigkeit.* 1965. 2. Auflage 1970. 32 S. *vgr*

10 Hubert Schrade: *Die Wirklichkeit des Bildes.* 1966. 66 S. *vgr*

11 Wilhelm Lehmann: *Das Drinnen im Draußen oder Verteidigung der Poesie.* 1968. 24 S. *vgr*

12 Richard Lange: *Die Krise des Strafrechts und seiner Wissenschaften.* 1969. 46 S. *vgr*

13 Hellmut Diwald: *Ernst Moritz Arndt – Das Entstehen des deutschen Nationalbewußtseins.* 1970. 46 S. *vgr*

14 *Zehn Jahre Carl Friedrich von Siemens Stiftung.* 1970. 54 S. *vgr*

15 Ferdinand Seibt: *Jan Hus. Das Konstanzer Gericht im Urteil der Geschichte.* 1973. 58 S. *vgr*

16 Heinrich Euler: *Napoleon III. Versuch einer Deutung.* 1973. 82 S. *vgr*

17 Günter Schmölders: *Carl Friedrich von Siemens. Vom Leitbild des großindustriellen Unternehmers.* 1973. 64 S. *vgr*

18 Ulrich Hommes: *Entfremdung und Versöhnung. Zur ideologischen Verführung des gegenwärtigen Bewußtseins.* 1973. 50 S. *vgr*

19 Dennis Gabor: *Holographie 1973.* 1974. 52 S.

20 Wilfried Guth: *Geldentwertung als Schicksal?* 1974. 44 S.

21 Hans-Joachim Queisser: *Festkörperforschung.* 1975. 2. Auflage 1976. 64 S. *vgr*

22 Ekkehard Hieronimus: *Der Traum von den Urkulturen.* 1975. 2. Auflage 1984. 54 S. *vgr*

23 Julien Freund: *Georges Sorel.* 1977. 76 S. *vgr*

24 Otto Kimminich: *Entwicklungstendenzen des gegenwärtigen Völkerrechts.* 1976. 2. Auflage 1977. 52 S.

25 Hans-Joachim Hoffmann-Nowotny: *Umwelt und Selbstverwirklichung als Ideologie.* 1977. 42 S. *vgr*

26 Franz C. Lipp: *Eine europäische Stammestracht im Industriezeitalter. Über das Vorder- und Hintergründige der bayerisch-österreichischen Trachten.* 1978. 43 S. *vgr*

27 Christian Meier: *Die Ohnmacht des allmächtigen Dictators Caesar.* 1978. 108 S. *vgr*

28 Stephan Waetzoldt und Alfred A. Schmid: *Echtheitsfetischismus? Zur Wahrhaftigkeit des Originalen.* 1979. 72 S. *vgr*

29 Max Imdahl: *Giotto. Zur Frage der ikonischen Sinnstruktur.* 1979. 60 S. *vgr*

30 Hans Frauenfelder: *Biomoleküle. Physik der Zukunft?* 1980. 2. Auflage 1984. 53 S. *vgr*

31 Günter Busch: *Claude Monet »Camille«. Die Dame im grünen Kleid.* 1981. 2. Auflage 1984. 50 S.

32 Helmut Quaritsch: *Einwanderungsland Bundesrepublik Deutschland? Aktuelle Reformfragen des Ausländerrechts.* 1981. 2. Auflage 1982. 92 S. *vgr*

33 Armand Borel: *Mathematik: Kunst und Wissenschaft.* 1982. 2. Auflage 1984. 58 S.

34 Thomas S. Kuhn: *Was sind wissenschaftliche Revolutionen?* 1982. 2. Auflage 1984. 62 S. *vgr*

35 Peter Claus Hartmann: *Karl VII.* 1982. 2. Auflage 1984. 60 S.

36 Frédéric Durand: *Nordistik. Einführung in die skandinavischen Studien.* 1983. 104 S.

37 Hans-Martin Gauger: *Der vollkommene Roman: »Madame Bovary«.* 1983. 2. Auflage 1986. 70 S. *vgr*

38 Werner Schmalenbach: *Das Museum zwischen Stillstand und Fortschritt.* 1983. 47 S.

39 Wolfram Eberhard: *Über das Denken und Fühlen der Chinesen.* 1984. 2. Auflage 1987. 48 S.

40 Walter Burkert: *Anthropologie des religiösen Opfers.* 1984. 2. Auflage 1987. 64 S.

41 Christopher Freeman: *Die Computerrevolution in den langen Zyklen der ökonomischen Entwicklung.* 1985. 57 S. *vgr*

42 Benno Hess und Peter Glotz: *Mensch und Tier. Grundfragen biologisch-medizinischer Forschung.* 1985. 60 S. *vgr*

43 Hans Elsässer: *Die neue Astronomie.* 1986. 64 S. *vgr*

44 Ernst Leisi: *Naturwissenschaft bei Shakespeare.* 1988. 124 S.

45 Dietrich Murswiek: *Das Staatsziel der Einheit Deutschlands nach 40 Jahren Grundgesetz.* 1989. 56 S. *vgr*

46 François Furet: *Zur Historiographie der Französischen Revolution heute.* 1989. 50 S. *vgr*

47 Ernst-Wolfgang Böckenförde: *Zur Lage der Grundrechtsdogmatik nach 40 Jahren Grundgesetz.* 1990. 86 S. *vgr*

48 Christopher Bruell: *Xenophons Politische Philosophie.* 1990. 2. Auflage 1994. 71 S.

49 Heinz-Otto Peitgen und Hartmut Jürgens: *Fraktale. Gezähmtes Chaos.* 1990. 70 S. *vgr*

50 Ernest L. Fortin: *Dantes »Göttliche Komödie« als Utopie.* 1991. 62 S.

51 Ernst Gottfried Mahrenholz: *Die Verfassung und das Volk.* 1992. 58 S. *vgr*

52 Jan Assmann: *Politische Theologie zwischen Ägypten und Israel.* 1992. 2. Auflage 1995. 122 S. 3., erweiterte Auflage 2006. 138 S.

53 Gerhard Kaiser: *Fitzcarraldo Faust. Werner Herzogs Film als postmoderne Variation eines Leitthemas der Moderne.* 1993. 74 S. *vgr*

54 Paul A. Cantor: *»Macbeth« und die Evangelisierung von Schottland.* 1993. 88 S.

55 Walter Burkert: *»Vergeltung« zwischen Ethologie und Ethik.* 1994. 48 S. *vgr*

56 Albrecht Schöne: *Fausts Himmelfahrt. Zur letzten Szene der Tragödie.* 1994. 40 S. *vgr*

57 Seth Benardete: *On Plato's »Symposium« – Über Platons »Symposion«.* 1994. 2. Auflage 1999. 106 S. mit einer Farbausschlagtafel.

58 Yosef Hayim Yerushalmi: *»Diener von Königen und nicht Diener von Dienern«. Einige Aspekte der politischen Geschichte der Juden.* 1995. 62 S. *vgr*

59 Stefan Hildebrandt: *Wahrheit und Wert mathematischer Erkenntnis.* 1995. 60 S.

60 Dieter Grimm: *Braucht Europa eine Verfassung?* 1995. 58 S.

61 Horst Bredekamp: *Repräsentation und Bildmagie der Renaissance als Formproblem.* 1995. 84 S.

62 Paul Kirchhof: *Die Verschiedenheit der Menschen und die Gleichheit vor dem Gesetz.* 1996. 80 S.

63 Ralph Lerner: *Maimonides' Vorbilder menschlicher Vollkommenheit.* 1996. 50 S.

64 Hasso Hofmann: *Bilder des Friedens oder Die vergessene Gerechtigkeit. Drei anschauliche Kapitel der Staatsphilosophie.* 1997. 98 S.

65 Ernst-Wolfgang Böckenförde: *Welchen Weg geht Europa?* 1997. 60 S.

66 Peter Gülke: *Im Zyklus eine Welt. Mozarts letzte Sinfonien.* 1997. 64 S.

67 David E. Wellbery: *Schopenhauers Bedeutung für die moderne Literatur.* 1998. 70 S.

68 Klaus Herding: *Freuds »Leonardo«. Eine Auseinandersetzung mit psycho-analytischen Theorien der Gegenwart.* 1998. 80 S.

69 Jürgen Ehlers: *Gravitationslinsen. Lichtablenkung in Schwerefeldern und ihre Anwendungen.* 1999. 58 S. mit 4 Farbtafeln.

70 Jürgen Osterhammel: *Sklaverei und die Zivilisation des Westens.* 2000. 74 S.

71 Lorraine Daston: *Eine kurze Geschichte der wissenschaftlichen Aufmerksamkeit.* 2001. 60 S.

72 John M. Coetzee: *The Humanities in Africa – Die Geisteswissenschaften in Afrika.* 2001. 98 S.

73 Georg Kleinschmidt: *Die plattentektonische Rolle der Antarktis.* 2001. 86 S. mit 20 Abbildungen, 16 Farbtafeln und einer Ausschlagtafel.

74 Ernst Osterkamp: *»Ihr wisst nicht wer ich bin« – Stefan Georges poetische Rollenspiele.* 2002. 60 S.

75 Peter von Matt: *Ästhetik der Hinterlist – Zu Theorie und Praxis der Intrige in der Literatur.* 2002. 62 S.

76 Seth Benardete: *Socrates and Plato. The Dialectics of Eros – Sokrates und Platon. Die Dialektik des Eros.* 2002. 98 S.

77 Robert Darnton: *Die Wissenschaft des Raubdrucks. Ein zentrales Element im Verlagswesen des 18. Jahrhunderts.* 2003. 82 S.

78 Michael Maar: *Sieben Arten, Nabokovs »Pnin« zu lesen.* 2003. 74 S.

79 Michael Theunissen: *Schicksal in Antike und Moderne.* 2004. 72 S.

80 Paul Zanker: *Die Apotheose der römischen Kaiser. Ritual und städtische Bühne.* 2004. 86 S.

81 Glen Dudbridge: *Die Weitergabe religiöser Traditionen in China.* 2004. 64 S. und 8 Farbtafeln.

82 Heinrich Meier: *»Les rêveries du Promeneur Solitaire«. Rousseau über das philosophische Leben.* 2005. 68 S.

83 Jean Bollack: *Paul Celan unter judaisierten Deutschen.* 2005. 70 S.

84 Rudolf Smend: *Julius Wellhausen – Ein Bahnbrecher in drei Disziplinen.* 2006. 72 S.

85 Martin Mosebach: *Die Kunst des Bogenschießens und der Roman – Zu den »Commentarii« des Heimito von Doderer.* 2006. 74 S.

Außerhalb der Reihe sind erschienen:

1985 – 1995 Carl Friedrich von Siemens Stiftung – Zehnjahresbericht. 1996. 2. Auflage 1999. 144 S. mit 81 Abbildungen.

1995 – 2005 Carl Friedrich von Siemens Stiftung – Zehnjahresbericht. 2005. 174 S. mit 117 Abbildungen.

Notiz zur Zitierweise

Martin Mosebach:
Die Kunst des Bogenschießens und der Roman
Zu den »Commentarii« des Heimito von Doderer
München: Carl Friedrich von Siemens Stiftung, 2006
(Reihe »Themen«, Bd. 85).

ISBN 978-3-938593-05-9

Carl Friedrich von Siemens Stiftung
Südliches Schloßrondell 23
D-80638 München

Veröffentlichungen
der Carl Friedrich von Siemens Stiftung

Herausgegeben von Heinz Gumin und Heinrich Meier

Heinrich Meier, Gerhard Neumann (Hg.)
Über die Liebe
Ein Symposion
München, Piper, 2000. 2. Auflage 2001. Serie Piper 3233
352 Seiten mit 10 Abbildungen. € 9,90

Gerhard Neumann
Lektüren der Liebe

Helen Fisher
Lust, Anziehung und Verbundenheit
Biologie und Evolution der menschlichen Liebe

Karl-Heinz Kohl
Gelenkte Gefühle
Vorschriftsheirat, romantische Liebe und Determinanten der Partnerwahl

Jean Starobinski
Fêtes galantes
Geburt und Niedergang einer Utopie der Liebe

Seth Benardete
Sokrates und Platon
Die Dialektik des Eros

Walter Haug
Tristan und Lancelot
Das Experiment mit der personalen Liebe im 12./13. Jahrhundert

Kurt Flasch
Liebe im Decameron des Giovanni Boccaccio

Peter von Matt
Versuch, den Himmel auf Erden einzurichten
Der Absolutismus der Liebe in Goethes Wahlverwandtschaften

Ulrich Pothast
Liebe und Unverfügbarkeit

Heinrich Meier
Epilog: Über Liebe und Glück

Friedrich Wilhelm Graf, Heinrich Meier (Hg.)
Der Tod im Leben
Ein Symposion
München, Piper, 2004. Serie Piper 4271
352 Seiten mit 6 Abb. € 12,90